教養として学んでおきたい ビートルズ

哲彦

マイナビ新書

はじめに

ビートルズには魅力が充満している。

どこから眺めても、どこを掘っても、おもしろい。

ビートルズは、どうしてビートルズになったのか。

いまや音楽はビッグ・ビジネスで、楽曲の多くは計算しつくされたうえでプロデュースされ、営業戦略もマニュアルどおりに動いている。しかし、ビートルズはそうではなかった。自分たちのサウンドを追求していたら、神の見えざる手がはたらいて、魔法をかけたように世界的成功をおさめてしまったのだ。

ビートルズは強運だった。彼らがビートルズになるには、〝神の手〟としか説明がつかないような奇跡というほかない幸運に出会っている。当事者たちも含め、誰もが予想しなかった展開をみせたのはそのためである。調べれば調べるほど、彼らの功績を際立たせているのは、驚くべき才能に匹敵する驚くべき好機である。

思いがけない幸運が、雪崩のように押し寄せるのだ。

どんな成功にも、才能や努力（内部要因）に加え、時代のあと押し、人との出会いなど、多くの環境（外部要因）が手を貸している。ビートルズの成功物語も例外ではない。成功の謎を解くためには、「木」だけなく、「森」を見ることが必要だ。当事者の周囲を見なくては、どんな成功の謎も明らかにされないだろう。

ビートルズがレコード・デビューしたとき、リンゴ・スターは二二歳、ジョン・レノンは二一歳、ポール・マッカートニーは二〇歳、ジョージ・ハリスンはまだ一九歳だった。解散宣言をしたときも、メンバーは全員まだ二〇代だった。

レコード・デビュー（一九六二年一〇月五日）から解散宣言（七〇年四月一〇日）までの活動期間はたったの七年間だ。その間に、ビートルズは二一三曲（公式録音曲）を録音しているが、次のアルバム一五枚を手に入れれば、そのすべて聴くことができる。
〔1〕『プリーズ・プリーズ・ミー』 PLEASE PLEASE ME（一九六三年）

〔2〕『ウィズ・ザ・ビートルズ』 WITH THE BEATLES（一九六三年）

〔3〕『ア・ハード・デイズ・ナイト』 A HARD DAY'S NIGHT（一九六四年）

〔4〕『ビートルズ・フォー・セール』 BEATLES FOR SALE（一九六四年）

〔5〕『ヘルプ！』（旧題『4人はアイドル』） HELP!（一九六五年）

〔6〕『ラバー・ソウル』 RUBBER SOUL（一九六五年）

〔7〕『リヴォルバー』 REVOLVER（一九六六年）

〔8〕『サージェント・ペパーズ・ロンリー・ハーツ・クラブ・バンド』 SGT. PEPPER'S LONELY HEARTS CLUB BAND（一九六七年）

〔9〕『マジカル・ミステリー・ツアー』 MAGICAL MYSTERY TOUR（一九六七年）

〔10〕『ザ・ビートルズ』 THE BEATLES（THE WHITE ALBUM）（一九六八年）

〔11〕『イエロー・サブマリン』 YELLOW SUBMARINE（一九六九年）

〔12〕『アビイ・ロード』 ABBEY ROAD（一九六九年）

〔13〕『レット・イット・ビー』LET IT BE（一九七〇年）
〔14〕『パスト・マスターズ Vol.1』PAST MASTERS VOLUME ONE（一九八八年）
〔15〕『パスト・マスターズ Vol.2』PAST MASTERS VOLUME TWO（一九八八年）

これらに加えて、ビートルズは『ア・ハード・デイズ・ナイト』（一九六四年／邦題『ビートルズがやって来る ヤァ！ヤァ！ヤァ！』）、『ヘルプ！』（一九六五年／邦題『ヘルプ！4人はアイドル』）、『イエロー・サブマリン』（アニメーション映画／一九六八年）、『レット・イット・ビー』（一九七〇年）の劇場用映画（四作品）とTV映画『マジカル・ミステリー・ツアー』（一九六七年）をつくり、ワールド・ツアーを含む数百回のコンサートをこなしている。

これらはすべて、いまから半世紀前のできごとだ。彼らは文字どおり世界を席捲し、さまざまな「かっこいい」を生みだしたが、驚くのはいまも彼らが多くの人びとの関心の対象であり続けているという事実である。ビートルズはついに時間をも征服してしまったのであろうか。

小著は、これからビートルズを本格的に聴いてみようという人たちに向けられた入門書であり、彼らの偉業をさまざまな見地から考察してみたいと思っている人たちのための再入門書である。歴史的な視線を投げかけ、環境要因的な視点を用意することで、ビートルズの偉大なる足跡と成功の歩みを包括的に俯瞰《ふかん》してみたい。

ビートルズに関する書物は、それこそ図書館の壁ひとつを占領しそうなほど豊富にある。にもかかわらず、ビートルズにはいまだに謎がいっぱいだ。

そこで、ビートルズのミステリーを楽しんでもらうツアーを企画してみた。Roll up, roll up for the Mystery Tour.（寄ってらっしゃい、寄ってらっしゃい、ミステリー・ツアーですよ）

楽曲を聴きながら楽しんでいただきたい。

里中哲彦（さとなか・てつひこ）

《付記》

一、〔　〕は曲名を、『　』はアルバム名、書名、映画名を示している。また、引用文に関しては、本書における表記に統一した部分があることと、わかりやすい表現に改訂した箇所があることをあらかじめお断わりしておく。

二、英語文献の日本語訳はすべて筆者（里中）がおこなった。文意が伝わるように意訳した箇所があることを申し述べておきたい。

三、読者によってはカタカナ表記に違和感をもつかもしれない。「リズム＆ブルーズ」の表記に見えるように、〝Blues〟の末尾の「s」は濁音である。原語の発音に近づけるようにしていることにご理解をたまわりたい。とはいえ、慣用を尊重したものもある。

教養として学んでおきたいビートルズ

目次

第1章　出会いと誕生

第2章　ファブ・フォーをつくった人びと

第3章　運命の女神たち

第4章　偉大なる足跡

第1章

出会いと誕生

ジョン・レノン

ビートルズがやって来た ヤァ！ヤァ！ヤァ！

ビートルズが公式に録音した曲は全部で二一三曲だ。オリジナル・アルバム一三枚。それに二枚の『パスト・マスターズ』を加えれば、二一三曲すべてを聴くことができる。それら公式発表曲のうち、一四四曲（およそ八割）が「レノン＝マッカートニー」の名義になっているが、どちらかが単独でつくった場合も含め、「二人のクレジットにしよう」という本人たち（ジョンとポール）による取り決めがあったからである。

日本にビートルズが紹介されたのは、デビューから二年後の一九六四年のことだ。アメリカでの人気にあおられて、その年の二月五日に〈抱きしめたい〉が発売された（イギリスでは五枚目のシングル）。つまり、ビートルズの日本デビューは六四年なのであり、デビュー曲は〈抱きしめたい〉だったのだ（イギリスでは〈ラヴ・ミー・ドゥ〉がデビュー曲）。

・抱きしめたい／こいつ〔ジス・ボーイ〕（二月五日）
・プリーズ・プリーズ・ミー／アスク・ミー・ホワイ（二月一〇日）※ほとんどの資料や文献では三月五日になっているが、『ビートルズ日本版よ、永遠に』（恩藏茂／平凡社）では二月一〇日が正しいとしている。
・シー・ラヴズ・ユー／アイル・ゲット・ユー（四月五日）
・キャント・バイ・ミー・ラヴ／ユー・キャント・ドゥ・ザット（四月五日）
・フロム・ミー・トゥ・ユー／アイ・ソー・ハー・スタンディング・ゼア（四月五日）
・LP『ビートルズ！』日本編集盤（四月一五日）

こうしてレコード・リリース・ラッシュが始まったのである。

とびついたのは、もちろん若者である。〔抱きしめたい〕がリリースされ、日本でも人気がでるとわかると、レコード会社は急いで量産態勢に入った。四月五日にはなんと三枚まとめて同日発売するなど、この年、LP四枚、EP一枚を含む、一八枚ものレコードを発売している（ドイツでのレコーディングなど、公式録音でないものを加えれば、発売点数はさらに増加する）。

しかし、厳密にいうと、六二年にビートルズはすでに「やって来ていた」。ビートルズがドイツで吹き込んだ「マイ・ボニー」が六二年五月、「マイ・ボニー・ツイスト」と改題されて、日本で発売されていたのだ。パフォーマーはトニー・シェリダン＆ビート・ブラザーズであり、そのビート・ブラザーズこそ、ビートルズであった。ビートルズはビート・ブラザーズというバンド名でシェリダンのバックをつとめていたのである（ちなみに、このときリンゴはまだビートルズに加入していない）。

ビートルズの名が日本ではじめて活字になったのは六三年のことだ。その年の一一月一〇日の朝日新聞夕刊は、イギリス王室主催のロイヤル・ヴァラエティ・ショーに出演したビートルズの人気ぶりを伝えている（記事では、ジョン・レノンが、あろうことか、「ジョン・レモン」になっている）。

さらには、映画『ビートルズがやって来る ヤァ！ヤァ！ヤァ！』（一九六四年）が公開されると、たちまちのうちに多くの若者がビートルズに魅了された。そして、ビートルズの来日が決定すると、その熱狂は最高潮に高まった。

しかしいっぽうで、ビートルズは、若者と大人とのあいだに横たわっていた断層を顕在化させた。当時、ビートルズを理解できる日本人の大人はほとんどいなかった。大人たちはビートルズを「ロンドン乞食」と呼んで蔑《さげす》み、ビートルズ・ファンを「バカで低能」となじりまくった。ビートルズを呼んでおきながら、（まだ日本に来ていない）ビートルズに「ビートルズは出ていけ」と連呼する日本人もいた。もう、わけがわからない。そんな騒動があったのだ。

中学や高校もこぞって、ビートルズがなにかも知らずに否定した。ビートルズを聴く者は「不良」であるとのレッテルを貼り、ビートルズには近寄らないようにうながした。まるで〝黒船〟扱いである。その学校がいまでは教科書にビートルズを載せて、その偉大さを讃《たた》えているのである。

一九六六年六月二九日の午前三時四〇分、ビートルズを乗せた飛行機は羽田（当時の国際空港）に到着した。大型台風が首都圏を直撃したため、到着はだいぶ遅れて真夜中になった。にもかかわらず、空港には一〇〇〇人を超えるファンが出迎えた。法被《はっぴ》を着た（着せられた）ビートルズは、手を振りながらタラップを降り、キャデラックに乗り込み、交通規制された首都高速をパトカーに先導され、宿泊先の東京ヒルトン・ホテル（現・ザ・キャピトルホテル東急）へと向かった。厳重な警備体制のもと、すべてが分単位（秒単位という説あり）ですすめられた。

日本での公演は、六月三〇日から七月一、二日の三日間にかけて、昼の公演を含む計五回、すべて東京の日本武道館でおこなわれた。司会はE・H・エリック、前座は尾藤イサオ、内田裕也、望月浩、桜井五郎、ジャッキー吉川とブルー・コメッツ、ブルー・ジーンズ、ザ・ドリフターズらがつとめた。

次に掲げるのがセット・リストである。全日程をつうじて同じだった。

①Rock And Roll Music〔ロック・アンド・ロール・ミュージック〕
②She's A Woman〔シーズ・ア・ウーマン〕
③If I Needed Someone〔恋をするなら〕
④Day Tripper〔デイ・トリッパー〕
⑤Baby's in Black〔ベイビーズ・イン・ブラック〕
⑥I Feel Fine〔アイ・フィール・ファイン〕
⑦Yesterday〔イエスタデイ〕
⑧I Wanna Be Your Man〔アイ・ウォナ・ビー・ユア・マン〕
⑨Nowhere Man〔ひとりぼっちのあいつ〕
⑩Paperback Writer〔ペイパーバック・ライター〕
⑪I'm Down〔アイム・ダウン〕

コンサートに足を運んだ人たちに聞いてみると、「よく聴こえた」という人もあれば、「ぜんぜん聴こえなかった」という人もいる。音楽を聴こうとしている人には聴こえ、熱狂したいと思っている人には聴こえなかった。そういうことだろう。口をそろえていうのは「あっけなく終わった」ということだ。それはそうであろう、一回のステージは正味、わずか三五分ほどだったのだから。

会場内の警備はきびしかった。座席から立ちあがっただけで、「不審な行動」とみなされた。しかし、「静かな」コンサートのおかげで、貴重な音源と映像が残された。武道館のフィルムは、とくに〔イエスタデイ〕〔ひとりぼっちのあいつ〕〔ペイパーバック・ライター〕などの名曲が、嬌声でかき消されることなく収められていることから、いまも世界中のファンから愛されている。

ビートルズが残したものはそれだけではない。GS（グループ・サウンズ）ブームが産み落とされたのだ。自分たちでつくった歌を、楽器を演奏しながら歌うというビートルズのスタイルに日本の若者たちは大いに感化されたのである。

ふりかえれば、日本におけるビートルズ・ブームは、大きな意義をもっていた。とりわけその来日騒動は、時代を映しだす鏡であった。若者たちはその鏡のなかに、「変わりつつある時代の予兆」と「変わるべき自分の将来」を見たのだった。

インスピレーションの源泉

ビートルズは、ロック・ミュージック史上、最大にして最高のグループである。一九六〇年代からこんにちに至るまで、性別も年齢も、人種も民族も、出自も職業も超えて、いまもなお多くの人びとに愛されている。もはや世界が共有する「教養」の一部である。

だから、ジョン・レノンやポール・マッカートニーがビートルズのメンバーだったことを知らない若者がいるという話をはじめて耳にしたときは、信じられない思いがした。四人のメンバーの名を知らないとか、ビートルズの音楽が世代を超えて受け継がれていないとか……そんなことは考えてもみなかった。ビートルズは「常識」であり、「教養」ではなかったか。

しかし、よくよく考えてみれば、あたりまえのことである。ビートルズが解散してもう五〇年も経つのである。ビートルズを知らない若者がいても、なんの不思議もない。あるラジオのＤＪは「高校生にこれは誰の歌と聞かれたのが、ビートルズの「ヘルプ！」だった」と嘆いていたが、慨嘆《がいたん》するにはあたらない。そういう現実もまた、厳然たる事実として存在するのだ。

逆に、ビートルズを知らなくても、スティーヴ・ジョブズの名を知らぬ若者はいないようだ。いわずと知れた「アップル」の革命児であるが、ジョブズは「音楽の聴き方」に革命をもたらしたことでも知られている。

ジョブズは、ビートルズにインスピレーションを感じて、その生涯をまっとうしたひとりであった。彼は優秀な人材を集め、その融合から生まれるシナジー（相乗効果）を引き出すカタリスト（触媒）としてすぐれていたが、そのインスピレーションの源泉はビートルズであったとＣＢＳのインタヴューで語っている。

「ビジネスの手本はビートルズだ。彼ら四人はお互いに問題を抱えながらもバランスを取り合い、全員がひとつになることで、それぞれの活動を合わせた以上に素晴らしい力を発揮した。これが、私の理想とするビジネスのあり方だ。ビジネスにおける偉業はひとりでは成しえない。それはチームによってもたらされるものなのだ」

また、ジョブズが設立した会社は「アップル」（名づけ親はジョブズ）だが、その社名がビートルズがつくった会社「アップル・コア」に由来するのは間違いのないところだ。

私生活においてもビートルズの影響は大きかった。ビートルズの好んだインドを旅し、導師を訪ね、禅に興味をもち、瞑想し、マリファナを吸った。

ビートルズの楽曲は愛用のiPodに入れていた。しかし、自宅ではレコードをかけることが多かった。過去のテクノロジーを否定するのではなく、現代のものと併用することで、ビートルズの音楽を享受したのだった。あたかも、それはビートルズはこう聴いてほしいという手本のようでもあった。

一九九七年、売り上げや企業イメージでマイクロソフト社に大きく水をあけられていたアップルは、創業者スティーヴ・ジョブズを復帰させると、建て直しの一環として「Think different キャンペーン」をおこなった。

アインシュタイン、ガンジー、ピカソ、ジョン・レノン、マイルス・デイヴィス、モハメド・アリなど、社会と意識に変革をもたらした天才たちが映しだされる白黒の画面に、「クレイジーな人たちに祝杯をあげよう」で始まるナレーションが流れた。

「クレイジーな人たちに祝杯をあげよう。はみだし者、反逆者、やっかい者、変わり者、ものごとが世間の人たちとは違って見える人。彼らはルールを好まない。現状も肯定しない。人は彼らを引き合いにだし、同意しなかったり、賞賛したり、けなしたりする。でも、彼らを無視することは誰にもできない。なぜなら、彼らはものごとを変えてしまうからだ。彼らは人類を前進させる。彼らをクレイジーと呼ぶ人がいるが、わたしたちはそこに天才の姿を見る。世界を変えられると信じるクレイジーな人たちこそが、じっさい世界を変えているのだから」
クレイジーな人（天才）たちが、ものごとを変え、人類全体を前に押しすすめるのだと高らかに宣言したのだった。以後、ジョブズ率いるアップルが快進撃をつづけたのは周知の事実だ。

キイワードは、Think different.（発想を変えるんだ）である。本来ならば、〝Think differently.〟とすべきところを、発想を変えて〝Think different.〟としたのが功を奏した。固定観念にとらわれず、見方を変えてものごとを見つめようというわけだ。

ジョブズは、とりわけジョン・レノンが好きで（「ヒーロー」とまで崇《あが》めている）、ジョンが熱心だったプライマル療法（幼児体験に直面させ、自己鍛練によって殻《から》を打ち破るという精神療法）にもかよっている。ジョブズが禅や精神療法に心の平安を求めたのは、彼が養子で、ほんとうの親を知らないという事情があったようだが、親と一緒に暮らせなかったジョンと自分自身を重ねていたのにちがいなかろう。

マイクロソフトのビル・ゲイツも大のビートルズ・ファンだ。ゲイツはスティーヴ・ジョブズとの関係を〔トゥ・オヴ・アス〕（アルバム『レット・イット・ビー』収録）の歌詞にたとえて、ビートルズが「常識」であり「教養」であることを示したのだった。わたしたち二人（トゥ・オヴ・アス）は、いいときもあったし、よくないときもあったといいたかったのであろう。じっさいジョブズはビル・ゲイツを高く評価していたが、「ちょっと視野が狭いと思う」と批判するなど、気に障ることが双方にあったのである。

ビル・ゲイツのビートルズへの〝入れ込みよう〟もかなりのものである。二〇一九年、Netflixは『天才の頭の中：ビル・ゲイツを解読する』を全世界に向けて配信したが、その音楽を担当したのは、ジョージ・ハリスンと妻オリヴィアの息子、ダーニ・ハリスンだった。これもビートルズへのオマージュであったにちがいない。

アナログ時代のビートルズが、ＩＴ社会を創りだした天才たちのインスピレーションにかかわっていたとは、なんとも不思議に思われるかもしれないが、これもまたビートルズ・マジックなのである。

もしビートルズに殴られなかったら

ビートルズの偉大さとは何か。

スティーヴ・ジョブズやビル・ゲイツの例にも見えるように、世界にまたがる多くの人生にインスピレーションを与えたことである。

作家の島村洋子はこう述べている。要約してみよう。

《ビートルズが存在しなかったら、断言してもいいけれど、いまごろ私は二児の母になっている。たぶんふつうに大学を卒業し、何年か会社に勤めたあと、そこで恋愛結婚をして、テレビで流れている情報はすべて真実だと信じ込んで暮らしている。いま流行っている曲がいちばんいい曲で、みんなが着ている服がおしゃれだと信じ、相手の意見にはほとんど逆らわず、病気をせずに長生きをして、家族が仲よく過ごせたら、人生は上出来だと思っているはずだ。肩書きの立派な人が偉いと思い、偏差値の高い学校を出た人を頭がいいとみなし、しょせんこの世は金持ちになれば勝ちだと思い込み、みんなが持っているものを持っていれば幸福だと思っているにちがいない。

ビートルズは私を待ち伏せしていた。それまでぼーっと歩いていた私の後頭部をいきなり強打したのだ。忘れもしない一二歳の春だった。以来、私はビートルズに殴られっぱなしである。ものごとを損得勘定だけで判断しようとすると、ジョンに「おまえはアホか」といわれて、すぐさま反省する。ビートルズに「あいつ、いかすやつだな」と思われる人間になるのが私の目標である。「ビートルズに殴られなかったら、絶対になれなかった人間」になるべく、これからも歩き続けようと思っている》

（「もしビートルズに殴られなかったら…」／『beatleworld nowhere ⑰ 1998 SPRING』所収）

大いに共感を呼ぶエッセイである。「ビートルズが自分の人生のなかでどのような意味をもったのか」をつづった文章は多いが、なかでもこれは出色である。自分の気持ちに正直になって、そのことによってこうむる幸も不幸も自己責任の名において受け容れるという人生態度を、ビートルズを知ることで身につけたというのだ。多かれ少なかれ、同じような経験をもつファンもいるにちがいない。ビートルズは人生の指針であり、インスピレーションの源泉である。スティーヴ・ジョブズ、ビル・ゲイツ、島村洋子……、そのほか数多くの人たちがビートルズを契機、あるいは根拠地として、人生でやるべきこと、やってはいけないことを決めたのである。こうしたビートルズの存在を、偉大といわずになんと呼ぼう。

一九四〇年から一九四三年のあいだに生まれるということ

ビートルズ（The Beatles）のメンバーは次の四人である。

・ジョン・レノン（John Lennon）
・ポール・マッカートニー（Paul McCartney）
・ジョージ・ハリスン（George Harrison）
・リンゴ・スター（Ringo Starr）

このうち、リンゴ・スターを除けば、みな本名である。リンゴ・スターは、リチャード・スターキーが本名で、リング（指輪）が好きだったことからリングスの愛称で呼ばれるようになり、やがてこの芸名がつけられた。

ビートルズは「ひとつの天才ユニット」である。だが、天才がみな成功者になれるかというとそうではない。成功には、才能や素質にくわえて、努力や勤勉が必要だ。また、どんなに粘りづよく目標にむかって邁進しても、それが成功につながるという保証もない。

成功は何によって決まるのか。

才能や努力などの内部要因のほか、いつ、どこで、どんな環境で育ったかという外部要因によっても左右される。それらの後押しがなければ、成功はおぼつかない。それどころか、外部要因は失敗をも画策するのである。

たとえば、一九〇〇年ごろにイギリスで生まれることは、人口統計的にいえば不運であった。なぜというに、二〇世紀でもっとも破壊的な二つのできごと、すなわち第一次世界大戦と第二次世界大戦が最悪のタイミングで人生を襲うことになったのだから。

第二次大戦が終わったころ（一九四五年）、ビートルズのメンバーはみな幼かった。リンゴ、ポール、ジョージは貧しい境遇にあり、ジョンは不幸だった。

しかし、時代は四人に味方するのだった。

彼らの誕生年月日を見ていただこう。

・リンゴ・スター　一九四〇年七月七日
・ジョン・レノン　一九四〇年一〇月九日
・ポール・マッカートニー　一九四二年六月一八日
・ジョージ・ハリスン　一九四三年二月二五日

いずれも一九四〇年から一九四三年の二年半ほどのあいだに生まれている。
このことは何を意味するのか。

一、やがて到来する「若者文化」を享受することになる。
二、一五歳前後というもっとも多感な時期に、ロックンロールの洗礼を受けることになる。
三、アメリカで発明されたエレクトリック・ギターを手にするはじめての世代となる。

なかでも、ロックンロールとの出会いは決定的であった。
ロックンロールと呼ばれる一九五〇年代のポピュラー音楽は、黒人のリズム＆

ブルーズ（R&B）に、白人のカントリー音楽（ヒルビリー）が結びついたものである。

わずかの期間だが、白人のそれを「ロカビリー」と呼んでいたこともある。ロックンロールとヒルビリーを合わせた用語で、白人が歌う、ブラック・ミュージックの要素が入ったヒルビリーをそう呼んでいたのだ。しゃっくりするように語尾をしゃくりあげるヒカップ唱法と、ウッドベースによるダイナミックなスラッピング奏法が特徴的だったが、やがてロカビリーはロックンロールに呑《の》み込まれてしまう。

ロックンロールとは、そもそもどういった意味なのか。

「ロック」も「ロール」も、そして「ロック・アンド・ロール」もすでにリズム&ブルーズの歌詞にあったものだが、「ロックンロール」という言葉を白人が耳にするようになったのは、五一年に白人DJのアラン・フリードが自身の番組に『ムーンドッグズ・ロックンロール・パーティ』という名をつけ、白人にウケそうな黒人のリズム&ブルーズというジャンルをとくに「ロックンロール」と呼んだことによる。

語源的なことをいうと、「ロック」も「ロール」も黒人のスラングで、セックスをほのめかす隠語であった。要するに、〝ファック〟の婉曲表現である。それがやがて「楽しく大騒ぎをする」という意味をもつようになり、マーケティング・コンセプトに変換されて、音楽ジャンルのひとつになったのである。

ロックンロールの最初の楽曲は、黒人のヴォーカル・グループ、ザ・クロウズが歌った〈ジー〉(五四年)だとか、同じく黒人グループのザ・コーズの〈シュブーン〉(五四年)だとか、いやいや黒人シンガー、ビッグ・ジョー・ターナーの〈シェイク・ラトル・アンド・ロール〉(五四年)だとか、諸説はあるものの、ロックンロールのマグマ活動が活発になったのが一九五〇年前後で、噴火したのが五四年ごろと考えてよい。

ブームの発端になったのは、白人グループ、ビル・ヘイリー&ヒズ・コメッツの〈ロック・アラウンド・ザ・クロック〉（五四年）である。リリースされた当初は注目されなかったが、映画『暴力教室』のテーマ・ソングとして使われたことがきっかけで大ブレイクした。イギリスでも話題になり、ジョンもポールもこの映画を観に出かけている。

つまり、ビートルズのメンバーは、絶好のタイミングでロックンロールに抱擁される運命にあったのだ。これが数年ズレていたら、おそらく四人は同じ趣味を共有できなかったにちがいない。メンバー全員が一九四〇年から一九四三年のあいだに生まれたということは、ビートルズが誕生するうえでの大きな幸運であったといえよう。

港町リヴァプール

ビートルズの故郷は、イギリスの北部にある港町リヴァプールだ。ジョンもポールもジョージもリンゴも、みんなこの地で生まれ育っている。

リヴァプールはさびれた地方都市であった。第二次世界大戦のときにドイツ軍の激しい空爆にさらされているし、戦後の復興もだいぶ手間どった。しかも不況のあおりを受けて地場産業は育たず、町全体が斜陽の一途をたどっていた。しかしリヴァプールは、ロックンロール・バンドが生まれるには格好の場所であった。

なぜか。港町であったからだ。

地理的条件から、リヴァプールは古くから北米大陸への主要な港であった。奴隷貿易の中継地として、また移民船の出港地としてその名を知られていた。

新天地アメリカを目指す移民は、職にあぶれたイギリス人やアイルランド人だけではなかった。スカンジナヴィア人、チェコ人、ポーランド人、ハンガリー人、オーストリア人、ギリシャ人、イタリア人など、ほぼヨーロッパ全土からやってきていた。なかには遠くアジアから流れてきた中国人もいた。くわえて、金が尽きてしまって新天地にたどりつけない人や、けっきょくリヴァプールに落ち着く

現在の港町リヴァプール
Photo by Victorburnside / iStock

ことになった人もいたので、リヴァプールは多種多様な人たちが混在する港湾都市であった。

海外のレコードはどんなものであれ、リヴァプールに到着した。当時、物資の輸送はもっぱら船舶で、リヴァプールは戦前、戦中、戦後と途切れることなくずっとアメリカとのルートをもっていた。ビートルズが、古いアメリカのポピュラー・ソングにまでくわしいのはそのためである。

リヴァプールは、労働者階級の人びとが数多く暮らす町だ。一族にはかならず船乗りが一人や二人いて、彼らはタバコや漫画のほか、レコード、バンジョー、ギターなどをアメリカから持ち込み、リヴァプール全域に行き渡らせたのである。アイルランドやヨーロッパ大陸からやってきた音楽に、ニューオリンズやニューヨークのメロディやビートがかぶさったのである。

船舶の時代は、一九五〇年代半ばになっても続いていた。アメリカでロックンロールが誕生すると、リヴァプールの港に大量のレコードが荷揚げされた。これが首都ロンドンとは決定的に違うところである。

ロンドンは遅れていた。驚くことに、六〇年代に入っても、ロンドンのジャズ・クラブは〝下品で卑猥な〟ロックンロールを否定し続けており、キャヴァーン（ビートルズがロックンロールを演奏していたリヴァプールのクラブ）のようなところがひとつもなかったのである。

ロンドナーたちは、ミック・ジャガー（ローリング・ストーンズ）のような一部の若者を除けば、アメリカのダンス・ミュージックを好み、無愛想なバンドが奏でる音楽でツイストを上品に踊っていた。リズム＆ブルーズがロンドン・ジャズの中心地マーキーで演奏されるようになったのは六二年になってからのことである。

ロンドンのほうが遅れているんじゃないか。アメリカのミュージック・シーンに明るいビートルズがそう感じたのは当然のことであった。ジョンは、デビューのころをふりかえって、次のように回想している。

「俺たちのノリは最高だった。ストレートなロックをやらせたら、俺たちにかなう連中なんてイギリス中どこを探してもいなかった」

もしジョンがロンドンっ子だったら、このような自信に満ちた発言をすることもなかったろう。

奇跡の出会い

それは一九五七年七月六日の土曜日のことだった。

ジョン・レノンが住むウールトン地区にあるセント・ピーターズ教会では、恒例のサマー・ガーデン・パーティが催されていた。ジョンが率いるクォリーメンは、昼間に庭でおこなわれる二回のライヴ・ステージと、夜に教会のホールで開かれるダンス・パーティで演奏することになっていた。

クォリーメンは、リード・ヴォーカルにジョンを配して、エルヴィス・プレスリーのものを数曲と、〝カム・ゴー・ウィズ・ミー〟〝カンバーランド・ギャップ〟〝マギー・メイ〟〝レイルロード・ビル〟〝ロック・アイランド・ライン〟〝ロスト・ジョン〟〝プッティング・オン・ザ・スタイル〟〝ブリング・ア・リトル・ウォーター〟〝ビー・バップ・ア・ルーラ〟などを演奏する予定であった。

ジョンは、憧れのエルヴィスのように髪を後ろに撫《な》でつけ、母ジュリアに買ってもらった赤と白のチェックのシャツできめていた。もちろん、ジュリアにねだって買ってもらったギャロトーンのギターを忘れることはなかった。

その日、ポール・マッカートニーには約束があった。

友人のアイヴァン・ヴォーンと、ウールトンにある野外バザーに出かけることになっていた。女の子をハントできるかもしれないという期待もあって、お気に入りの白いスポーツ・ジャックケットを着ていくことにした。道すがら、アイヴァンは、友だちのいるバンド、クォリーメンの話を始めるのだった。アイヴァンは、その友だちのことを「すげえやつ」と形容した。

教会の墓地の向こうに芝生広場が見える。そこでデル・ヴァイキングスの〔カム・ゴー・ウィズ・ミー〕を歌っている若者がいた。それが、アイヴァンのいう「すげえやつ」だった。ポールは足を止め、その青年をじっと見つめた。

これがジョンとポールの出会いである。ポールによるジョンの第一印象は「たまげたよ、歌詞を全部でっちあげてるんだから」であった。このとき、ジョンはもうすぐ一七歳、ポールは一五歳になったばかりだった。

ポールはジョンを見知っていた。見覚えがあったのだ。「ああ、あいつか。バスに乗っていたあの不良か」だったのである。ステージが終わり、クォリーメンが休んでいるところへ、アイヴァンがポールを連れていった。

アイヴァンとジョンは幼なじみだった。アイヴァンの家は、ジョンが住んでいるミミ伯母さんの家と垣根を隔てた裏にあった。アイヴァンはまた、ポールと同じ学校（リヴァプール・インスティチュート）の同級生でもあった。

アイヴァンはポールのギターの腕を高く買っていたので、ぜひともジョンに紹介したいと思っていたのである。しかし、このときは握手が交わされたわけでも、話が弾んだわけでもなかった。

　二度目のステージを終えたクォリーメンは、夜のダンス・パーティまで何もすることがなかった。ジョンたちは、教会ホールのステージ脇でたむろして、だらだらとしゃべっていた。

　ポールもそこにいた。エルヴィス・プレスリーやジーン・ヴィンセントの話をしたかったのである。やがて話題がロックンロールになると、ポールはもう居てもたってもいられなかった。ジョンにギターを貸してほしいと頼み、チューニングを正しくやり直してもいいかと訊《き》いた。ジョンは母に教わったバンジョーのやりかたで調弦していたのである。

　ポールがギターを逆さまに構えると、ちょっと笑いがもれた。左ききのポールは、右きき用のギターでも左で弾くことができたのである。一分ほどでチューニングを終えると、ポールは突然、エディ・コクランの〈トゥエンティ・フライト・ロック」を歌いはじめた。

たちまちにして才能があふれだした。聴いている者たちは固唾《かたず》をのんだ。ポールは聴き手の様子をうかがいながら、最後まで完璧に歌ってみせた。

ジョンは押し黙ったままだった。度胆を抜かれたのである。

このあとポールは、ジーン・ヴィンセントの「ビー・バップ・ア・ルーラ」を披露した。これもジョンの好きな曲であった。エルヴィス・プレスリーの「ハートブレイク・ホテル」が始まった。これはジョンがもっとも気に入っている曲だ。

ジョンは夢を見ているかのようであった。

ポールは幼いうちからもの真似がうまかった。これはインタヴューした人たちが異口同音にいっていることだが、ポールは声色《こわいろ》を真似るのがすこぶるうまい。ジョンはこのとき、エルヴィス・プレスリーやエディ・コクランと錯覚するほどの歌声を聴いたにちがいない。

さらにポールは、ホールに置いてあるピアノのほうに移動すると、鍵盤のうえに手をおいた。ポールは、ギターのほかに、ピアノとトランペットもできたのだった。静かな教会のホールに、〈ロング・トール・サリー〉の絶叫がこだました。ポールはリトル・リチャードさながらに吠えたのだ。

ジョンは完全に圧倒されていた。夢のような現実をまえにして、ジョンは茫然となった。ジョンの饒舌が戻ってきたのは、ポールの演奏が完全に終わってからだった。

しばらくすると、ジョンの頭は次のことでいっぱいになった。

ポールをグループに誘うべきか否か。このことである。

ジョンは決断を迫られた。自分より力のあるポールがクォリーメンに入ったら、リーダーの座があやぶまれるのではないか。でも、ちゃんとしたロックンロールのバンドになるにはどうしてもあいつの力が必要だ。うかうかしていたら、やつは自分のバンドをつくってしまうかもしれない。

さんざん迷ったあげく、ジョンはポールをバンドに誘うことにした。そのときの心理をジョンは次のようにいいあらわしている。

「ぼくはそのときまでバンドの親玉だった。さて、あいつと組んだらどうなるだろう、とぼくは考えた。もしポールを仲間に入れたら、ぼくはあいつを手なずけなければならない。でも、やつはものすごく上手だから、仲間に入れる価値があった。それにエルヴィスに似ていたしね。要するに、ぼくはポールに惚れちゃったってわけさ」

てんでばらばらの方向に向いていて、なにひとつまとまった形になっていなかったジョンの才能は、ポールと知り合うことで、音楽のほうへ収斂《しゅうれん》されていった。のちにジョンは、「ぼくが音楽業界に残したもっとも大きな貢献は、ポール・マッカートニーを発掘したことだ」と述べているが、ミュージシャンとしてのジョン・レノンもまた、ポールによって見いだされたといってもいいだろう。

ビートルズ誕生における最大の奇跡は、ジョン・レノンとポール・マッカートニーが出会ったことである。この二人の出会いがなければ、わたしたちは偉大なビートルズを知ることはなかったろう。

目的に堅固なビートル

ジョージ・ハリスンは一途だった。

「寡黙なビートル」（ザ・クワイエット・ビートル）といわれる彼は、幼いころから無口だった。しかし、芯はしっかりしていた。

少年時代のジョージはcocky（うぬぼれた）とかcheeky（生意気な）といわれることが多かった。気に入らないことにはソッポを向いて、断固としてやろうとはしない。そういう頑固なところがあった。

聡明だったジョージは、小学校を卒業すると、リヴァプールでいちばん学究的な雰囲気につつまれたリヴァプール・インスティテュートに進学する。しかし、そこで彼を待ちかまえていたのは、窮屈な校則と退屈な大人たちだった。

「ぼくの暗黒時代が始まったのはそのときだ」とジョージはふりかえる。「にこりともするのもゆるさないし、あれをやってはだめ、これをやってもだめ、ここにいなさい、あそこに立ちなさい、黙りなさい、座りなさい。おまけに、いつも試験を受けなければならなかった」

ジョージは教室内で、生きる意味を見いだせないでいた。しかし、ジミー・ロジャーズやハンク・ウィリアムズなどのカントリー・ミュージックにふれると、人生にエンジンがかかり、一途に夢中になった。

ジョージを虜《とりこ》にしたのはギターである。母親にせがんで中古のギターを買ってもらうと、暇さえあればギターを手にとるようになった。ジョージがギターを手に入れたのは年上のジョンやポールよりも早かった。授業時間のほとんどは、ノートにギターの絵を書いて過ごしていた。

さまざまなジャンルのレコードを聴きまくり、一二歳のころには、ジャンゴ・ラインハルト（ジャズ・ギター奏者）に魅せられるほどの早熟ぶりを示した。

そんなある日、学校への行き帰りのバスのなかで顔見知りになった男の子と言葉を交わした。少年はジョージよりも学年がひとつ上（八か月年上）だった。第一印象は「太っているけど、いいやつ」だった。一三歳になったばかりのポール・マッカートニーだ。一九五五年の出来事である。

それは、のちにビートルズとなるメンバーの最初の出会いだった。ちなみにポールは、一二歳のジョージを「生意気なやつ」と感じたようだ。

ともに音楽が好きだということがわかると、二人はすぐに友だちになった。お互いの家でギターの練習をしたり、ギターを持って小さな旅をしたりするようになった。

ポールがクォリーメン（ジョンの率いるバンド）のメンバーとしてデビューするのは、それから二年が経過した一九五七年の秋である。最初のステージでギター・ソロもまかされていたポールは、いざ本番となるとアガってしまい、指がまったく動かなかった。さんざんな結果に終わってしまったのだ。

しかし、この失敗がジョージをクォリーメンにひきよせることになった。ポールはジョンに、クォリーメンのリード・ギタリストとしてジョージを推薦したのである。

そのころジョージはチェット・アトキンスに魅せられていて、ギター・テクニックではジョンやポールより一枚も二枚も上だった。ジョージはジョンのまえで、ビル・ジャスティスの〈ローンチー〉というインストゥルメンタル曲を演奏してみせた。場所は、タバコが吸える、がらんとした市営バスの二階であった。ジョンはジョージの腕前に感心したが、ジョージがあまりにも子どもに見えたので、正直、複雑な心境だった。このときジョージは、一五歳の誕生日を間近にひかえているとはいえ、まだ一四歳だった。彼はまさしく「少年」であり、まだ「若者」ですらなかった。いっぽうジョンはすでに一七歳になっており、外見、態度、どれをとっても「不良の兄チャン」だった。一〇代の若者にとって、二年半の年の差は大きかった。

とはいえ、ジョージはクォリーメンのメンバーとなった。ジョンによれば、「ジョージを仲間に誘ったのは、ぼくらよりコードをたくさん知っていたから」である。困っていたバンドの練習場所に、ジョージの母ルイーズが自宅の居間を提供してくれたからだともいわれている。

ジョージは目的に対しては堅固であった。クォリーメンに入ると、こうしたらどうか、ああしてみてはどうだろうか、とバンドのあるべき姿を熱心に語るようになった。ギグのできる機会を熱心に探しまわったのもジョージである。

ジョージのそうした情熱は、バンドの結束感を強めたばかりか、プロとしてやっていく自覚をメンバーにうながした。これは、ジョージがビートルズ結成に向けて果たしたもっとも大きな功績である。ジョージがいなくても、ビートルズはビートルズにならなかったであろう。

ラッキー・スター

ジョージ・ハリスンは、目的遂行のためなら手段を選ばなかった。バンドの将来をつねに考え、目標のための努力を惜しまなかった。自身のギター・テクニックの向上には余念がなく、メンバーにも高いレヴェルの技術を要求するのだった。ジョージの不満は二人に向けられた。ひとりはビートルズの初代ベーシスト、スチュアート・サトクリフ、もうひとりはドラマーのピート・ベストである。スチュが画家の道を歩むためグループを脱退すると、ジョージの理想に反するのはピート・ベストだけになった。ピートの安定感のないビートや、遊び心のないドラミングが気に入らなかったのである。

相性も合わなかった。ピートはジョージたちのユーモアを解さず、いつもむっつりとしていた。ジョージだけでなく、ポールとジョンも、ピートとは一緒にやっていきたいと思ってはいなかった。

三人はいつかピートをやめさせたいと思っていた。しかし、誰も面と向かっていいたがらなかった。そこで、マネージャーのブライアン・エプスタインに頼んでクビを宣告させたのだ。それは「あくまでもプロとしての決断」（ポール）だった。

メンバーがピートをやめさせる方向に舵《かじ》をきったとき、ジョージにはある考えがあった。それは、代わりにリンゴ・スターをビートルズに加入させるというアイディアだ。

ジョージは熱心だった。わざわざリンゴの家まで出向き、リンゴの両親に彼をビートルズに迎える相談をしてもかまわないかと訊いたほどだ。このときジョージはまだ二〇歳にもなっていなかった。のちに、ジョージは「リンゴを正式なメンバーにしようとはたらきかけたのはこのぼくなんだ」と告白、〝ピート追放劇〟の真相を赤裸々に語っている。

「ピートはしょっちゅう調子が悪いってギグを休んでいたから、そういうときは代役でリンゴにやってもらってたんだよ。リンゴが叩くたびに、〝これだ〟って感じがしたんだ。それで、ついにぼくらは思ったのさ。〝フルタイムでリンゴに入ってもらうべきだ〟って」

ジョージがまず自分のアイディアをポールとジョンに話し、それでピートをやめさせるという考えにかたむいていった、というのが真相であるようだ。

リンゴと最初に仲よくなったのもジョージである。同郷のリヴァプールではなく、ビートルズが修業をしていたハンブルクのナイトクラブ（カイザーケラー）で親しくなったのだ。リンゴも仕事でドイツにやってきていたのである。

ジョージがリンゴを気に入ったのは、ドラマーとしてのリンゴである。リンゴは当時、リヴァプールの有名バンド、ロリー・ストーム＆ハリケーンズのメンバーで、その腕は高く評価されていた。リヴァプール周辺において、ロックンロールのリズムとビートを理解していたのはリンゴ・スターだけだったともいわれている。

ジョンは、リンゴの腕をこう評価している。

「リンゴがもっているひらめきの才能は、誰もが感じていたことだけど、具体的に――パフォーマンスの才能か、ドラムの才能か、あるいは歌の才能か――それが何かわからなかったんだけれど、はっきりとそれとわかるものがあった。ビートルズに入ろうが入るまいが、かならずスターへの道を歩んでいただろうね。リンゴはすばらしいドラマーだよ。テクニックのうえですぐれているというんじゃないけど、ポールのギター・テクニックが過小評価されているのと同じように、リンゴのドラミングも過小評価されている」

ハンブルクで知り合ってからというもの、リンゴはビートルズと何度かギグをやるようになる。その場かぎりのステージであったが、ビートルズはリンゴと演奏するたび、自分たちのサウンドと波長が合うことを感じとっていた。

リンゴは、ジョージたちの申し出を快諾した。ビートルズがレコード・デビューをするというのが大きな魅力だった。四人は夢を現実のものにするために互いを必要としたのだった。

リンゴは、ビートルズの修業時代を知らない。そして加入するとすぐに世界的な有名人になった。リンゴ・スターは、まさしくラッキー・スターであった。

こうしてリンゴはビートルズに加入するのであるが、ビートルズの歴史をふりかえるとき、ファンを悩ませている大きな問題がある。

それは、ビートルズはいつ誕生したか、という問いである。

ジョンとポールが出会った一九五七年七月六日の午後か。リンゴが加入した日か。それとも、ザ・ビートルズと名乗った日か。いや、デビュー曲〈ラヴ・ミー・ドゥ〉を出した日か。

ビートルズがビートルズになった日は、リンゴ・スターがレギュラー・メンバーとしてはじめてステージに姿をあらわした日とするのはどうであろうか。ジョン、ポール、ジョージ、リンゴのうち、誰が欠けても、それはビートルズではない。「ビートルズは四人でひとつのユニット」であるからだ。

一九六二年八月一八日、土曜日。曇りのち小雨の夜。場所はマージー川をはさんでリヴァプールの対岸にあるウィラル（マージーサイド州）のポート・サンライトという美しい町のヒューム・ホール。

二時間ほどのリハーサルをやって、夜一〇時ごろ、ジョン、ポール、ジョージ、リンゴの四人は、〝ザ・ビートルズ〟としてはじめて、園芸協会が主催するダンス・パーティのステージに立った。その夜、およそ五〇〇人の観客が彼らの演奏を聴いている。ヒューム・ホールでファブ・フォー（素敵な四人組）は誕生したのだ。

ジョージはこんなふうに回想している。

「リンゴが入ったことを、ぼくたちはみんなで喜んだ。あの瞬間から、ビートルズの方向性が決まった。新たなステージへと前進したんだ」

こうしてビートルズは、ジョージの思い描く、理想どおりのビートルズになったのだった。

「ビートルズ」の由来

英語圏ではじめて「ビートルズ」という名を聞いた人は、ことごとく顔をしかめたという。日本では、「ビートル」(beetle)といえばカブト虫ということになっているが、英国人はカブト虫、クワガタ虫、ゴキブリの区別がつかず、どれも害虫として同じように嫌われているからだ。

「ビートルズ」(The Beatles)という名は、バディ・ホリーが率いる「クリケッツ」というグループ名をヒントにしている。「クリケット」は「こおろぎ」のことだが、イギリスでさかんなスポーツである「クリケット」のことも指していた(クリケッツのメンバーはアメリカ人なので、スポーツのクリケットのことなど頭になかったと述べている)。ジョンたちは、グループ名をダブル・ミーニングにしたいと思っていた。そこでビートル(beetle)は「かぶと虫」でもあるし、音楽用語で「拍子」を意味する「ビート」(beat)も想起させるというので

〝The Beatles〟にしたのだった。

一九五九年一〇月の半ばごろ、ジョン率いるクォリーメンは、グループ名をジョニー&ザ・ムーンドッグズに変えた（ジョニーはジョンの愛称）。六〇年に入ると、Beatals（ビータルズ）という名を思いつき、次いでSilver Beats（シルヴァー・ビーツ）、Silver Beetles（シルヴァー・ビートルズ）、Silver Beatles（シルヴァー・ビートルズ）と次々に変え（スティーヴンソンの冒険小説『宝島』に登場する海賊ロング・ジョン・シルヴァーをもじって、頭に「シルヴァー」をつけた）、八月の中旬にやっと〝The Beatles〟に落ち着いたのだった。

当時、ジョンの恋人だったシンシアは、『ジョン・レノンに恋して』のなかで次のように語っている。

《ジョンはバディ・ホリー&クリケッツが大好きだったので、みんなで昆虫の名前をあれこれ考えていた。「ビートルズ（Beetles）」という名前を思いついたのはジョンだ。そして綴りをBeatlesに変えた。ジョンがいうには、文字をひっく

り返すと les beat になり、フランス語のように聞こえて格好いいからだった》

「ビートルズ」の命名には、メンバーからスチュの愛称で呼ばれていたベーシストのスチュアート・サトクリフもかかわっている。当時、アメリカで人気のあったマーロン・ブランド主演の『乱暴者（あばれもの）』という映画のセリフにある beetles（女の子たち）というアメリカのスラングを頂戴してみてはどうかと提案したのだ。もっともジョンもスチュもイギリス人なので、そのスラングの意味を明確に知らなかったと思われるが、いずれにしてもこれらを考慮に入れて最終的な決定をくだしたのはジョンである。「ザ・ビートルズ」は、こうして誕生したのである。

リヴァプールなまり

リヴァプールは見下されていた。

ロンドン、オックスフォード、ケンブリッジなどの南の諸都市から見れば、北のリヴァプールは田舎町にすぎなかった。

なまりもきつかった。イギリスには三〇マイル（およそ四八キロ）ごとに異なるなまりがあるといわれるが、ロンドンっ子から見ると、とりわけリヴァプールのそれは〝田舎丸だし〟であった。「ランカシャーの奥地からやってきた田舎者みたいな目で見られていたものさ」とポールは述べている。

イギリスでは「口を開けばその人の出自がわかる」といわれるが、リヴァプールで「容認発音」をしゃべる人に出会う機会はまずない。BBC英語に代表されるアッパー（上流）やアッパーミドル（中流）の人たちがしゃべる英語を「RP」(Received Pronunciation)、つまり「容認発音」と呼んでいるが、ほぼワーキング・クラス（労働者階級）で固めているリヴァプール英語はまったく〝容認〟されていなかった。

じっさい、内輪でしゃべっているビートルズの会話は、ロンドンの人たちからはわけのわからないものであった。パティ・ボイド（ジョージの先妻）は、映画『ア・ハード・デイズ・ナイト』ではじめてビートルズに会ったときのことを回想して、「ビートルズのメンバーはほんとうに楽しかった。みんな気が利くし、現場を明るくしてくれた。でも、リヴァプールなまりがキツすぎて、いっていることの半分もわからなかった。あれはカルチャー・ショックだった」（『パティ・ボイド自伝』）と述べているほどだ。

リヴァプール弁を「スカウス」（Scouse）という。スカウスは、もともとリヴァプールで食されている、ジャガイモ、ニンジン、タマネギ、牛肉（あるいは羊肉とかコーンビーフ）などを煮込んだシチューの呼び名であった。それがやがてリヴァプール人（スカウサーともいう）や、彼らのしゃべる英語を指すようになった。

スカウスでは、音節末の〈r〉をきちっと発音する。〈for〉などは「フォル」と聞こえる。〔アンナ〕の「… for a girl」を、ジョンは「フォルガー」と発音している。母音の「ア」が「オ」になるのも大きな特徴である。〈but〉は「ボット」になり、〈money〉は「モニ」になる。〈my〉の代わりに〈me〉を使うことも多い。This is my car. は、This is me car. になってしまう。〔ヘイ・ジュード〕の誕生秘話を、ポールはインタビューで次のように語っている。

I happened to be driving out to see Cynthia Lennon. I think it was just after John and she had broken up, and I was quite mates with Julian. He's a nice kid, Julian. And I was going out in me car just vaguely singing this song.

（ある日、たまたまシンシア・レノンに会いに車で出かけたんだ。ちょうどジョンが彼女と離婚したばかりのころじゃなかったかな。ぼくはジュリアンと仲よしだったんだ。ジュリアンというのはいい子でね。それで、ドライヴに連れていってやったら、ぼんやりとこの歌を口ずさんでいたんだ）

話している内容も興味ぶかいが、ここでは〝in my car〟とすべきところを

〝in me car〟といっていることに注目してほしい。

能力主義（メリトクラシー）を掲げているイギリス社会であるが、メディアに登場するような人物は、発音矯正をするのが〝礼儀〟である。なんでも自分流を押しとおしたマーガレット・サッチャー首相ですら、スピーチ矯正をしたのはよく知られている。

しかし、ビートルズはリヴァプールなまりを矯正しようとはしなかった。むしろ、「売り」にさえしていた。〈ポリシーン・パム〉や〈マギー・メイ〉では、スカウス丸だしの歌いっぷりを披露している（ヴォーカルはいずれもジョン）。

ジョンは、次のようにふりかえっている。

「俺たちは労働者階級の出身で、労働者階級のままであり続けた最初のシンガーだった。労働者階級だってことを堂々と口にし、イングランドで見下されているなまりも改めようとはしなかった」

この心意気やよし。ビートルズには、自分たちを小バカにする連中を見返してやろうとするエネルギーがあった。結果、権威主義に背を向け、気の合った同郷の仲間と好きなことをやっても成功をおさめられるということを世界に証明してみせた。ビートルズは、上流および中流階級のスタンダードに同化しないことで、労働者階級をはじめとする一般大衆から賞賛を受けたのだ。

ビートルズはグループの運営スタッフをリヴァプール時代の友人や知り合いで固めていたが、それはグループの結束を強めるばかりか、仲間意識、すなわちアイデンティティの拠りどころともなった。

そんなビートルズが、超多忙な日々から解放され、ほっとひと息ついたとき、思いだすのはやはり故郷リヴァプールのことであった。一九六五年から六七年にかけて、〔イン・マイ・ライフ〕〔ストロベリー・フィールズ・フォーエヴァー〕〔ペニー・レイン〕の三曲をたて続けに発表して、ビートルズは故郷の風景と仲間を懐かしんでいる。

もちろん、スカウスなしに故郷をふりかえることはできなかったであろう。なぜなら、「故郷とはなまりである」からだ。

なまりは、思考の結果を表現する道具にとどまらない。なまりを用いて思考するという面があるからだ。なまりを失うとは、自分の生まれ育った文化はもとより、アイデンティティを失うことでもある。こうしてビートルズは、アイデンティティ（なまり）を捨てずに成功した初の世界的スターになったのだった。

「階級意識」の変容

イギリスには「階級意識」が存在する。

誰もが、上流階級（貴族や大地主や聖職者など）、中流階級（医師や弁護士などの専門職に従事する人たち）、労働者階級（単純労働に従事する人たち）のいずれかに属しているという自覚があり、とりわけ上流階級の人たちは、他の階級の人たちとはペディグリー（血統）が違うと思い込んでいる。

ビートルズの四人は、いわゆる「裕福な家庭」の出ではない。リンゴは貧乏な家に生まれ、両親は離婚、くわえて小学校もろくすっぽ通えないほど病弱であった。ジョンは、両親がそれぞれ気ままな生活をしていたため、中流階級の伯母夫婦に育てられ、そのことにより精神的に満たされない少年時代を送っている。ポールは満ち足りた幼少期を過ごしたが、母の死による喪失感を抱えていた。ジョージの家庭もけっして裕福ではなく、彼は機械工になるべく育てられたのだった。

はっきりいえば、みな労働者階級の出身である。ポールにいわせれば、ジョンは労働者階級の出ではない（＝中流階級出身）のだが、ジョンは労働者階級出身だと思い込んでいた。

イギリスにおいては、中世の封建制度のもとで確立した身分関係としての「階級」が残存するいっぽう、近代の資本主義体制のもとで醸成された職業的・経済的な「階層」も共存している。「階級」と「階層」という概念は、区別されることも混同されることもあるが、ビートルズの四人はそのどちらにおいても〝上のほう〟にいなかったことだけはたしかである。

階級は固有の文化と生活習慣をつくりだし、それを継承することがそれぞれの階級の務《つと》めだった。階級によって、身だしなみ、紅茶の淹《い》れ方、興じるスポーツ、聴く音楽など、生活全般に及んで、その様式と趣味は異なっていた。

しかし、一九五〇年代になると、そうした事態に変化の兆しが見え始める。経済格差や不平等といった既成秩序に対する反発の声をあげる若者たちが出てきたのだ。「怒れる若者たち」と称される作家たちだ。しかし、彼らは単発的に作品を発表するにとどまり、労働者階級の若者たちを巻き込んだ大きなうねりにはならなかった。

いうまでもなく、ロックンロールは労働者階級の音楽だ。上流および中流の階級の人たちが聴く音楽ではない。ロックンロールなんてものは、彼らにとってみれば、〝低俗〟そのものであった。

ビートルズは貧しい身にもかかわらずロックンローラーになったのではない。貧しい身だからこそ、ロックンローラーになったのだ。ここを押さえておかないと、ビートルズという現象を読み間違えてしまうことになる。

「ビートルズ現象」とは、アメリカで産声をあげたロックンロールが、海を渡ったリヴァプールの地でビートルズを生みだし、高級な音楽も低級な音楽もない、とにかく〝いいものはいい〟という感覚を、階級や階層を超えて個人に認識させたことをいう。ビートルズは「かっこいい音楽」を奏でることで、旧世代の規範を崩しにかかったのだ。

ビートルズは、労働者階級と中流階級の境界をあいまいにし、「ミドルブラウ」（新興中流）という新しい大衆層がたしかに存在することをイギリス国民に実感させた。ミドルブラウとは、幅広い教養娯楽と洗練されたライフスタイルを享受もしくは実感できる層であり、おもにそれは「下層中流階級」と「中流志向の労働者階級」に顕著であった。ミドルブラウは一九二〇年代の英国で生まれた言葉であるが、戦後の経済的豊かさ、教育機会の広がり、メディアの多様性をもって形成されていったのである。そして、ミドルブラウの象徴といえるのがビートルズであった。

一九六三年の秋、ビートルズの名はすでにイギリスじゅうに知れわたっていた。その年の一一月、王室主催の演奏会（ロイヤル・ヴァラエティ・パフォーマンス）で〔ツイスト・アンド・シャウト〕を歌うまえに、ジョンは「次が最後の曲ですが、ひとつお願いがあります。安い席の人は手拍子をお願いします。そのほかの方たちは宝石をじゃらじゃら鳴らしてください」とぶった。労働者階級の若者が王室の人たちをまえにして歌を披露し、あろうことか、ジョークをかますなんてことは、それ以前には考えられないことであった。

翌六四年、公演先のオーストラリアでは、熱狂する群衆がビートルズが泊まっているホテルを囲んでいた。すると、誰かが「すごいなあ。女王陛下が来ても、これほどの騒ぎにはならないだろうね」とあきれていった。

「そりゃそうさ。陛下はぼくらほどヒットをだしてないもの」

すかさずジョージが応じた。六四年には、こうしたジョークを口にすることができたのである。

やがてチャールズ皇太子はビートルズの大ファンになり、エリザベス女王も彼らの音楽に親しむようになった。階級の壁は、いつのまにか低くなっていたのである。

そして、九七年一一月、エリザベス女王は自身の金婚式の祝賀式典で、次のように述べてビートルズとともにあった歴史をふりかえっている。

「この五〇年は、世界にとってはじつに驚くべき五〇年でしたが……もしもビートルズを聴くことがなかったら、わたしたちはどんなにつまらなかったことでしょう」

ミドルブラウが上流階級をからかい、上流階級がミドルブラウの音楽に親しむ時代が到来したのも、すべてはビートルズから始まったことである。ビートルズは、新しい時代に生きる、新しい人間たちの可能性を示唆することで、「階級意識」を変容させたのだった。これもビートルズが果たした偉業のひとつである。

第2章

ファブ・フォーをつくった人びと

ポール・マッカートニー

ブライアン・エプスタイン――ファブ・フォーをつくった男

一九六一年一一月九日、リヴァプールにあるキャヴァーン・クラブのランチタイム・セッションに、のちに「ビートルズをつくった男」として知られる身ぎれいな男が姿をあらわした。

男の名は、ブライアン・エプスタイン。このとき二七歳だった。

ブライアンは、はじめて目にするビートルズのステージに大いに心を揺さぶられた。彼らに〝サムシング〟を感じたのである。それから三週間ほどのあいだ、ブライアンはキャヴァーンに通いつづけ、あらゆる角度からビートルズを〝吟味〟した。

ブライアンはこう語っている。

「私はなにごとによらず最高のものでないと楽しめないという性癖があり、最高なものを求めるということにおいてはさらに選択眼がきびしく、お金もかけるようにしているのです」

みずからいうように、ブライアンには一流を見抜く審美眼があり、それを手に入れるためなら、多くのことを犠牲にする覚悟があった。

ブライアンはその年の暮れ、彼らにマネージャーになりたいと打ち明け、翌年（一九六二年）、マネージメント契約を結んだ。この小さな決断がビートルズの世界的成功につながるとは誰も知るよしはなかった。

ブライアンはリヴァプールで大きな家具店を経営するユダヤ人一家の長男で（祖父の時代にポーランドから移住）、服飾デザイナーや俳優になることを夢みていた。

しかし、それはかなわなかった。ビートルズに声をかけたときは、エプスタイン一家が新しく開いたＮＥＭＳ（ネムズ）というレコード店の経営にあたっていた。ビートルズはネムズの常連であり、もちろんブライアンとは顔見知りであった。

清潔な店内とゆきとどいた顧客対応で、ネムズは繁盛していた。品揃えも豊富で、ブライアンがビートルズと出会ったころは、常時五〇万枚もの在庫をもつイギリス北西部最大のレコード店だった。「お客が望むレコードなら、どんなレコードでもそろえるのがNEMSの誇りだ」が彼の口ぐせだった。ネムズは大型レコード店というより、リヴァプールにおける音楽文化の発信地でもあった。

店の経営は順調だったが、ブライアンは満足していなかった。内に秘めた芸術家気質をかたちにしたいという野心が胸底にくすぶっていた。

ブライアンは、いわば「いいとこのお坊っちゃん」で、小さなころから全寮制の学校で厳格な教育を受けていた。また、ピーター・オトゥール、ヴィヴィアン・リーなどを輩出した名門の演劇学校RADA(ロンドン)にも学び、上品な身ぶりと完璧なアクセントを身につけていた。リヴァプールの人たちが、その一分の隙《すき》もない身だしなみと洗練された言葉づかいに目をみはったのはいうまでもない。

そのブライアンがビートルズの親たちを説得したのである。彼らはブライアンの、なめらかな絹のような心地のよい応対ぶりに圧倒された。ミュージシャンになることに大反対していたミミ伯母さん（ジョンの育ての母）でさえ、「ジョンだけはどんなことがあっても私が責任をもちます」といわれて、口をつぐんでしまった。

こうして、上品さと心地よさを愛する紳士がビートルズをコーディネートすることになった。ブライアンはさっそく「四人をどんなイメージで売りだすか」を思案した。

広くファンを得るためには、「革ジャンの兄ちゃん」ではだめである。「モダンな青年」でなければならない。そこでブライアンは、ステージでは革ジャンをやめ、落ち着いたスーツを着るように四人に申し伝えた。ポールはすんなり受け入れたが、ジョンは難色を示した。ジョンには、ファッションは自分の精神のありようを示すものだという考えがあった。しかし、成功するためにはドレス・フォー・ビジネス（仕事のための服装）が必要だといわれてしぶしぶ納得した。

ステージ・マナーにもうるさかった。小ぎれいな服装に合わせて、エレガントにふるまうように伝えた。それまでの彼らは、ステージ上でタバコを吸ったり、飲食をしたり、客に背中を向けたり、仲間うちでジョークをいい合ったり、客席にいる人たちに大声で呼びかけたり、マイクに向かってゲップをしていたのである。

ブライアン自身も、みずからに課したミッションがあった。それは「レコーディング契約をとりつける」ことだった。レコードをださなければ、プロとして認めてもらえなかったからだ。

売りだすためには、なによりもまずレコードをリリースして、ロンドンへ進出しなければならない。しかし、ロンドン以外に活動拠点をおくアマチュアが、レコード会社と接触をもつことは、きわめて困難な時代だった。

ブライアンをもってしても、このミッションは難航をきわめた。ネムズの支配人という立場を利用してレコード会社の重役に直談判するものの、どこも体《てい》のよい門前払いをくらわすのだった。どこの馬の骨ともわからない、しかも地方出身の四人組を、誰がレコード・デビューさせるというのか。

ブライアンは焦った。そして、怒った。

大手レコード会社のデッカが、ビートルズをオーディションで「不合格」にしたとき、ビートルズ以上に落胆し、憤慨したのはほかならぬブライアンだった。彼はその場で担当者をなじり、「気はたしかですか。あの四人はきっと爆発的な成功を収めますよ。いずれエルヴィス・プレスリーより大物になると断言します」といい放ったほどである。ブライアンは自身の審美眼に信頼を寄せており、おそらくビートルズ自身よりも大きな夢をもっていた。

やっとのことで、ジョージ・マーティンのいるEMI傘下のパーロフォンと契約することに成功した。これはブライアンの大きな手柄であった。

ブライアンがビートルズのマネージャー役を買って出てくれたことは幸いだった。もし彼がみずからの審美眼に拘泥《こうでい》しない、あきらめのいい男であったら、ビートルズはレコーディングにまでもこぎつけなかっただろう。

しかし、ビートルズが有名になり、コンサートをやらなくなると、ブライアンの出る幕はなくなった。ビートルズはもうブライアンを必要としなくなったのだ。

ブライアンには戻る家庭がなかった。彼は同性愛者であるという、当時としてはやっかいな問題も抱えていた。自分の居場所を失ったブライアンは、孤独をまぎらわすために薬物への依存を深めるようになった。そして、それがもとで命を落とすことになった（睡眠薬などの過剰摂取が死因とされている）。

粗野な四人を「ファブ・フォー」（素敵な四人組）に変えるなど、ビートルズに魔法をかけ終わると、ブライアンはこの世からすっと消えてしまった。まだ三二歳だった。ブライアンの献身的人生は、他者の協力を得ることができないかぎり、どんなに高い能力をそなえていても成功はおぼつかないということをわたしたちに教えている。

「ぼくたちは、ブライアンのおかげで成功できたんだ」

のちにジョンはこうつぶやいた。

ジョージ・マーティン――ビートルズ・サウンドをつくった男

ビートルズのレコーディングに携わったのは、プロデューサーのジョージ・マーティンである。彼もまた、ビートルズの歴史には欠くことのできない人物だ。

ジョージ・マーティンはクラシック音楽に通暁《つうぎょう》していた。「作曲家になりたかった。ラフマニノフのようになりたかった」とふりかえる彼は、音楽理論はもとより、楽器の音色にもくわしかった。ＥＭＩ傘下のパーロフォン・レーベルに入社後は、ジャズやクラシック音楽のレコードのほか、コメディ・レコードなども制作していた。

ビートルズのメンバーより一五ほど年上で、ビートルズに会ったころはすでに三六歳になっており、ビートルズを親しみをこめて「ボーイズ」と呼ぶ、彼らの

〝音楽の先生〟であった。じっさい彼は、レコーディングにも数回参加して、ビートルズに〝模範〟を示している。たとえば、名曲〈イン・マイ・ライフ〉の間奏では、バロック調のピアノを見事に弾きこなしている。しかも、ハーフ・スピードで演奏して、速度をあげて再生録音するという、高度なテクニックを披露している。

ジョージ・マーティンはこうふりかえっている。

「ビートルズの音楽を生みだすうえで、私は二つの大きな影響をもたらしたと思っている。それはクラシック音楽の知識とレコーディング・テクニックだ」

デビュー当時、ブルーズ、R&B、カントリー、ロックンロールなど、多種多様な音楽的エレメントがビートルズのサウンドに流れ込んでいた。欠けていたのはクラシック的な要素であった。

楽曲にヴァイオリン、チェロ、ヴィオラなどの楽器を取り入れたり、オーケストレーションが加わったのはジョージ・マーティンの進言による。それがビートルズをして、他のロック・バンドとは異なる存在たらしめたのである。

マーティンはじつに献身的な教育者であった。悪ガキだったビートルズにも誠実な対応をこころがけ、彼らの突拍子もない提案に熱心に耳をかたむけた。とはいえ、仕事は仕事とわりきって、互いの私生活や考え方にはいっさい干渉しないという大人の態度を守っていた。それが彼らから信頼される要因ともなった。

ビートルズとマーティンを結びつけたのは、純粋にサウンドの探求だった。彼はビートルズの欲しがるサウンドを、それまでに誰もやったことのない手法をもってつくりだしたのだ。

彼は「音で絵を描く」ことの重要性を力説する。「音楽は一枚の絵のようであるべきだ」というのが持論で、つくり手の意図が聴き手に伝わらなければ、鑑賞する深みは得られないという信念をもっていた。もちろん、その教えがビートルズに伝わったのはいうまでもない。

ジョージ・マーティンをプロデューサーにもたなかったら、ビートルズの名曲のいくつかは、わたしたちがいま知るような名曲にならなかったかもしれない。さらにいえば、高い確率でアイドルにはなれただろうが、レコーディング・アーティストになるには困難をきわめたであろう。

ジョンは、もっと悲観的な見方をしている。

「ジョージ・マーティンに出会わなかったら、ぼくたちは芽がでないままで終わっていただろうね」

ミューズたち

恋人や妻は、ビートルズのインスピレーションの源であった。

最年長のリンゴが結婚した相手は、美容師のモゥリーン・コックス。リヴァプール出身の女性で、リンゴがビートルズに加入するまえからのファンだった。いまでいう〝追っかけ〟で、少しでもステージに近い場所をとって、ビートルズを間近で見て、できればリンゴの目にとまってほしいという一心でいた。いわば夢がかなったファンで、結婚したときは〝世界でいちばん有名な花婿が世界でいちばん無名な花嫁と結ばれる〟と書いた記事もあったほどだ。

リンゴは「モゥリーンに会った瞬間、なにがいけなくて、どうすればいいのかがわかって、すぐに幸せな気分になる」という美しい言葉を彼女に贈っている。ザック、ジェイソン、リーの三人の子ども（上の二人は男の子、リーは女の子）に恵まれたが、ビートルズが解散するころになると、うまくいかなくなり（リンゴの浮気が原因だとされる）、けっきょくは離婚することになった。

次に結婚したのは、元ボンドガールのバーバラ・バックで、映画『おかしなおかしな石器人』（一九八一年）でリンゴと共演したのがきっかけで〝仲よし〟になった。パーティ好きな二人はその後、ひどいアルコール依存症に悩まされるようになるが、意を決してリハビリ・センターに入所、励ましあって依存症を克服した。

ジョージは、売れっ子モデルのパティ・ボイドと結ばれた。パティは映画『ア・ハード・デイズ・ナイト』の撮影現場でジョージに声をかけられ（パティも出演している）、やがてつきあうようになった。マリー・クワント（デザイナー）のミニ・スカートがよく似合う彼女は、有名なファッション雑誌『ヴォーグ』の表紙になったりもした。

〔サムシング〕と〔フォー・ユー・ブルー〕は、パティがインスピレーションのもとになっている。しかし、ジョージは彼女を愛しながらも、まるでビスケットでもつまむように、ほかの女の子にも手をだしていた。パティは「ジョージはほかにも女性がいて、そのことが私を傷つけた。インドで彼はクリシュナに感化されていた。つねに大勢の美女に囲まれている神の化身だ。それでクリシュナのような愛人をたくさん抱えたスピリチュアルな存在になりたいと思いはじめたらしい。じっさい自分でもそういっていた。しかも、女なら誰でもいいという感じだった」と自伝で暴露している。

その後、パティは、ジョージの親友であるエリック・クラプトンのもとに走った。クラプトンは〔いとしのレイラ〕や〔ワンダフル・トゥナイト〕をパティのために捧げている。しかし、クラプトンのアルコールと薬物依存、そしてたび重なる浮気がもとで、二人は離婚することになった。

ジョージはその後、オリヴィア・トリニダード・アライアスと恋に落ちた。二人には、静かな生活を好み、インド哲学に傾倒しているという共通点があった。

晩年におけるジョージの精神的な支えはオリヴィアであった。〔ダーク・スウィート・レディ〕では、「きみがいなかったら、ぼくはどうなっていたかわからない」とか、「きみがぼくを救ってくれた」と書いている。最期はオリヴィアに看取られた。二人はダーニという男の子をもうけている。

ポールは、デビューしてまもなく、女優のジェイン・アッシャーとつきあい始めた。可愛くて、知性を好み、楚々《そそ》とした気品と無邪気さをそなえる「理想の恋人」だった。ポールはロンドンの中心地（ウィンポール・ストリート）にあったアッシャー家の邸宅にころがりこみ、そこで多くの名曲をつくっている。やがて二人は婚約するが、ポールの浮気が発覚して結婚には至らなかった。〈アンド・アイ・ラヴ・ハー〉〈今日の誓い〉〈君はいずこへ〉〈フォー・ノー・ワン〉などのラヴ・ソングは、ジェインとの日々をつづったものだ。

ポールが結婚した相手は、アメリカ人で、写真家のリンダ・イーストマンだ。いわゆる「できちゃった婚」で、リンダの娘ヘザーをくわえての子連れ結婚式だった。二人は一男（ジェイムズ）二女（メアリーとステラ）に恵まれた。知り合ってからのラヴ・ソングは、ほとんどがリンダのためにつくられている。ビートルズ時代は〈トゥ・オヴ・アス〉、ソロになってからは〈マイ・ラヴ〉などがそうだ。ウイングス（ポールがビートルズ解散後に結成したバンド）時代は、コーラスとキーボードを担当するなどしてポールを支えたが、乳がんを患い、それがもとで亡くなった。「リンダがいなくなってからの一年間は、悲嘆にくれ、泣いてばかりいた」（ポール）という。

次に結婚したのは、ヘザー・ミルズである。五九歳のポールは、二五歳年下の、慈善活動をしていた彼女と知り合い、女の子をひとり（ベアトリス）もうけた。しかし、ヘザーとの生活は、性格が合わなかったこともあって、長続きせずに破局した。二〇一一年に結婚したのがセレブリティのナンシー・シェベルで、現在はナンシーとともに暮らしている。ポールはナンシーのために〈マイ・ヴァレンタイン〉を書き、コンサートでよく披露している。

ジョンといえば、まずシンシア・パウエルだ。ジョンとは、リヴァプール・カレッジ・オヴ・アートで出会い、結婚、男の子（ジュリアン）をもうけた。分析力と観察力が鋭く、彼女の自伝はジョンとビートルズに関する第一級の資料となっている。

しかし、前衛芸術家オノ・ヨーコ（小野洋子）がロンドンに現れると、ジョンはヨーコにだんだん夢中になっていく。ビートルズ時代の楽曲としては、〈ハピネス・イズ・ア・ウォーム・ガン〉や〈ドント・レット・ミー・ダウン〉がヨーコに捧げられている。

知り合ったとき、ジョンもヨーコも結婚していたが、ジョンは一九六八年の秋にシンシアと離婚、次いでヨーコもトニー・コックス（前衛芸術家）と別れ、二人は六九年三月二〇日に結ばれた。ジョンはこのとき二八歳、ヨーコは三六歳だった。

結婚が成立すると、ジョンはポールに代わる創作活動のパートナーにヨーコを選んだ。ジョンが平和運動やフェミニズムに関心をもつようになったのもヨーコの影響だ。二〇一七年、ユートピアを歌う〈イマジン〉が、ジョンとヨーコの合作であることが全米音楽出版社協会で認められるなど、ヨーコがジョンに与えた創作的インスピレーションがだんだん明らかにされている。ジョンはヨーコによって人間的に大きく成長したが、ミュージシャンとしての才能は萎縮したとの見解をもつ識者もいる。

ヨーコは東京生まれ。父は東京銀行のエリート、母は安田財閥一族の令嬢である。学習院大学文学部哲学科からニューヨークのサラ・ローレンス大学に留学、そこで声楽と詩を学んでいる。大学を三年で退学すると、ジュリアード音楽院にいた作曲家の一柳慧《いちやなぎとし》と結婚したが、六三年に離婚。その後、トニー・コックスと再婚した。ヨーコにはトニー・コックスとのあいだにできた娘のキョーコがいる。ヨーコはジョンとのあいだにショーン（エルトン・ジョンが名づけ親）という男の子を授かっている。ヨーコはジョンが愛しつづけたミューズ（女神）であった。

ロニー・ドネガン――スキッフルのレジェンド

「スキッフル」は、イギリスのポピュラー音楽史に燦然《さんぜん》と輝いている。ロック史を研究する者のなかには、スキッフルをブリティッシュ・ロックの分母とみなす向きがあるし、ビートルズのデビュー曲〈ラヴ・ミー・ドゥ〉はスキッフルを下地にしているとの見解をもつ評者もいる。

一九五六年から五七年にかけて、イギリスではスキッフルが流行していた。アメリカのカントリー・ミュージックに、明るくノリのいいリズムをつけたロカビリーふうの音楽である。

安いアコースティック・ギター（たいていはスペイン製だった）、バンジョー、ティー・チェスト・ベース（茶箱に弦を張ったベース）、そしてパーカッション代わりのウォッシュボード（叩いたりこすったりして音をだす洗濯板）があれば手軽にバンドをつくることができたため、スキッフル・グループは温室に芽をふいた大豆の種子のようにイギリス全土をおおい尽くした。

スキッフルをやるバンドは、イギリスにいったいどれぐらいあったのか。

マーク・ルイスン（ビートルズ研究家）の調べでは、イギリス全土で五〇〇〇組、ロンドン周辺だけで四〇〇組から五〇〇組、リヴァプールだけでも二〇〇はあったとされる。短期間であったとはいえ、文字どおり、スキッフルが「イギリス全土を席捲」したのである。

少年たちは、母親、伯母、祖母に頼んで古い洗濯板を貸してもらったり（あるいは勝手に拝借したり）、茶箱や箒《ほうき》の柄を求めて物置や屋根裏を探しまわった。とはいえ、スキッフルはリズムにのったギターが曲を主導するため、もっとも人気があった楽器はギターだった。見ばえもよく、安価で、持ち運びやすくて、歌唱伴奏に都合がいいというのも人気の理由だった。

ギターを手に入れようとして、少年たちはできるかぎりのことをした。両親にねだり、親類縁者に譲ってもらえないかとたずねまわった。こうしてギターの需要は供給を上まわり、イギリスに空前のギター・ブームを到来させたのだった。ジョン、ポール、ジョージが憧れたのもギターだった。ジョンは母と伯母にねだり、ポールは父親から誕生日にもらったトランペットとの交換を希望し、ジョージは両親にしきりにせがんだ。

イギリスに名だたるロック・ギタリストが多いのも、スキッフルがきっかけでギターに夢中になる少年が続出したことによる。エリック・クラプトン、ジミー・ペイジ、デイヴ・ギルモア、リッチー・ブラックモア、ロニー・ウッドなどがその例である。

スキッフルのナンバーワン・アイドルといえば、グラスゴー（スコットランド）出身のロニー・ドネガンである。〈ロック・アイランド・ライン〉（五五年）や〈ロスト・ジョン〉（五六年）で一躍有名になった。

なかでもいちばん人気があったのは〈ロック・アイランド・ライン〉だ。最初はゆったりと語りかけ（「さて、いまからお話しするのは……」という口上で始まる）、途中からテンポをあげていくトレイン・ソングだ。リンゴはパーティのたびにこの曲を歌い、ジョンはポールにはじめて会ったその日のステージでこの曲を披露した。ジョージはこれを「手に入れることができた最初のレコード」と記憶し、ポールはドネガンがリヴァプールにやってきたとき、この曲を聴くためにいそいそと会場に足を運んでいる。

やがて、リンゴはスキッフルのバンドに入り、ジョンはスキッフルのバンドをみずから結成した。ジョージが兄と組んだのもスキッフル・バンドだった。

ロニー・ドネガンは少年たちの憧れであった。ジョージはドネガンのことをこんなふうに追想している。

「スキッフル・ブームが起きたのは、一〇代はじめのころだ。ロニー・ドネガンがイギリスのロック・バンドにすごい影響を与えたんだ。もっと認められていいはずなのにね。五〇年代末ごろは、ギタリスト・プレイヤーといったら、彼しかいないような感じだった。彼はもっとも成功した人間で、誰よりも有名だった」

ジョン、ポール、ジョージがギターを始めるきっかけとなったのは、ロニー・ドネガンであった。彼こそ、ビートルズ史の最初に登場すべき人物である。

エルヴィス・プレスリー――官能の権化

エルヴィス・プレスリーは官能そのものだった。

感情のひとつひとつが、身体の動きをつうじて官能的に伝えられた。それまでの白人歌手は直立して静かに歌うだけだったが、エルヴィスはあからさまに腰をふり、右足に重心を置いて左足を激しく痙攣《けいれん》させてみせるのだった。

エルヴィスのセクシュアリティは声からも伝わった。野性味あふれるファルセット。官能的なヴィブラート。そして狂おしいシャウト。エルヴィスの声はセクシーそのものだった。

しかし、そうしたエルヴィスに、多くの親たちは淫《みだ》らで下品すぎると声をあげた。「骨盤エルヴィス」(Elvis the Pelvis) とからかう大人もいた。メディアもまた、そのあからさまなセクシュアリティに取り乱したが、少年少女は胸を熱くするばかりだった。

「はじめてエルヴィスの声を聴いたとき、ふつうの勤めはできない、会社なんてまっぴらだって感じたよ。まるで牢獄から出たような気分だった」とボブ・ディランは回想する。「エルヴィスは俺の神なんだ。エルヴィスがいなかったら、いまごろは百科事典のセールスをやっているよ」と語るのはブルース・スプリングスティーンだ。

エルヴィスの声は、若者たちに「自由と解放」を呼びかける天の声であった。若者たちはエルヴィスの姿を見ようとしてTVのなかを探しまくった。初出演した『エド・サリヴァン・ショー』（一九五六年）の視聴率は、なんと驚異の八二・六パーセントだった。

エルヴィスのことはイギリスにも伝わった。ビートルズのメンバーも、すぐさまエルヴィスに夢中になった。髪をオイルでなでつけ、声や表情を真似るのだった。きっかけは〈ハートブレイク・ホテル〉だ。四人とも、これにノックアウトされている。

この奇跡の曲が発表されたのは一九五六年のことだ。当時、一五歳だったジョンは「すっかりやられちまった。ジ・エンドってことさ。そのときを境に、人生のすべてが変わっちまった。完全に魂を揺さぶられたんだ。あのレコードを家に持ち帰ったときのことをいまでも覚えている」とふりかえる。ポールは「ルックスが完璧だった」と述べ、エルヴィスが救世主みたいな存在に見えたことを懐かしんでいる。ジョージは「自転車に乗って道を走っていたら、どこかの家から〈ハートブレイク・ホテル〉が聴こえてきた。それはけっして忘れられない出来事のひとつだ。なんというサウンド、なんというレコードなんだろう。あの曲がぼくの人生の方向を変えてしまったんだ」と回想している。リンゴは「信じられなかった。ものすごく危険なことをやっている感じがした」と追想する。

エルヴィスがいかに衝撃的であったかは、四人が〈ハートブレイク・ホテル〉を最初に聴いたときのことを覚えていることからも明らかである。ビートルズはエルヴィスの官能にうずいたのだ。

エルヴィスがビートルズの四人を結びつけた、というのは大げさな表現ではない。ジョンは「エルヴィスがいなければ、ビートルズも生まれていない」といいきっている。ジョンはまた、〝Before Elvis, there was nothing.〟とつぶやいたことがある。「すべてはエルヴィスから始まった」のである。

チャック・ベリー——ロックンロール詩人

ロックンロールの代名詞はチャック・ベリーだ。ジョンは「ロックンロールに別名を与えるならば、それはチャック・ベリーだ」とまでいっている。

独特なイントロとリフで、ロックンロールにおけるはじめてのギター・ヒーローとなった。ジョージはチャック・ベリーのギター・リフを覚えると、得意になって周囲の人たちに聴かせていたというエピソードがある。

なかでも「ジョニー・B・グッド」は、永遠のロックンロールだ。ジョンが好んで歌ったこの曲は、何世代にもわたる白人ガレージ・バンドの誕生のきっかけとなり、ロックンローラーを目指すティーンエイジャーの夢を大いにかきたてた。

歌詞もしゃれていた。視覚イメージを喚起するのがうまく、若い女の子がブロマイドで定期券入れをふくらませたり、ロック・コンサートに行くのをママにおねだりする様子などを活写して、聴く者の心をくすぐるのであった。

明らかにそれは白人マーケットを意識して書かれていたが、巧みな修辞を織り交ぜたその歌詞は文学的匂いすら漂わせていた。ジョンはそうしたチャック・ベリーを「最初のロックンロール詩人」と呼び、自身が大きな恩恵をこうむったことを隠さなかった。

ビートルズは、チャック・ベリーの作品を二曲レコーディングしている。ひとつは〈ロック・アンド・ロール・ミュージック〉だ（ヴォーカルはジョン）。クォリーメンのころからライヴでずっと歌ってきただけあって（一九五九年から六六年まで）、見事な歌いっぷりである（正真正銘の「一発録り〈ワン・テイク〉」であるというのも驚きだ）。オリジナルよりまさっているのではないか。

もうひとつは〈ロール・オーヴァー・ベートーヴェン〉である。これはジョージが歌っている（五七年から六一年まではジョンの持ち歌だったが、六二年からはジョージに任された)。軽快なリズムに手拍子も加わって、「ビートルズはこんな感じでステージで演奏していたんだ」と思わせるライヴ感をだしている。

タイトルに見えるroll over(転がる)は、roll over in one's grave(墓の中で寝返りをうつ)という慣用句からとられたものだが、「ベートーヴェンくん、墓場で寝返りをうちながら、このリズム&ブルーズを楽しんでくれたまえ」と歌っているのである。なんとも愉快な歌詞ではないか。

こうしたチャック・ベリーに、ジョンは「時代を超えた偉大な詩人」との形容を冠して、最大級の賛辞を贈っている。いっぽうチャック・ベリーは、ジョンが亡くなったあと、「ジョンは俺のことを自分のヒーローだといってくれたことがあるけど、ジョン・レノンこそが俺のヒーローだったんだ」と語って、ロックンロールの継承者の死を悼んだ。

ロックンロールの創始者たち——レジェンドの輝き

ビートルズは好奇心が強かった。

とりわけロックンロールのレジェンドたちの音楽は、白人のものであれ、黒人のものであれ、つぶさに聴いている。ここではビートルズに影響を与えたロックンロールの創始者たちを紹介しよう。

まずはファッツ・ドミノ。ブギウギ調のピアノを弾きながら楽しそうに歌う表情は、誕生したばかりのロックンロールを象徴している。ニューオリンズのR&Bとロックンロールはファッツがつくりだしたといっても過言ではない。〈エイント・ザット・ア・シェイム〉〈ブルーベリー・ヒル〉〈ブルー・マンデイ〉〈アイム・ウォーキン〉などの代表曲があり、ビートルズは四人ともファッツの大ファンであった。ジョンもポールも、ソロになってから〈エイント・ザット・ア・シェイム〉をカヴァーしている。

次は、〈ブルー・スエード・シューズ〉を書いたロカビリー界の王、カール・パーキンス。ビートルズは一二曲ものパーキンス・ナンバーをライヴのレパートリーにしていたが、〈マッチボックス〉〈ハニー・ドント〉〈みんないい娘〉の三曲のみを公式にレコーディングしている。最初の二つはリンゴがヴォーカルをとっている（〈みんないい娘〉はジョージが歌っている）。リンゴはカール・パーキンスにはじめて会った折（六四年六月一日。スタジオ訪問をして、ビートルズが〈マッチボックス〉をレコーディングしているところを見学した）、かしこまって「ミスター・パーキンス」と呼びかけたらしい。パーキンスが「カールでいいよ」といっても、リンゴは緊張しながら、「あなたのことを、とてもそんなふうには呼べませんよ」とこたえたというエピソードが残っている。ジョージも大ファンで、デビューするまえの一時期、ステージ・ネームをカール・ハリスンとしたこともある。少年時代のポールとジョージを結びつけたのもカール・パーキンスだ。ポールは「カール・パーキンスがいなかったら、ビートルズは存在していなかった」と語っている。

リトル・リチャード。〈ロング・トール・サリー〉〈ルシール〉〈リップ・イット・アップ〉〈ジェニ・ジェニ〉などのヒットを飛ばしている。ボブ・ディランがハイスクールを卒業するとき、「将来の夢」というコメント欄に「リトル・リチャードの仲間になること」と書いたというのは有名な話だが、ジョンもポールも彼に夢中になった。エネルギッシュな歌唱法、意味不明な歌詞、きらびやかなゲイ・ファッションなど、リトル・リチャードはさまざまな既成の枠から逸脱していた。ビートルズは知られているだけでもリトル・リチャードの曲を一三曲も演奏している。とりわけポールは、彼のブッとんだシャウトにぞっこんだった。

六二年には、マネージャーのブライアン・エプスタインのはからいで、ビートルズはリトル・リチャードとの共演を果たしている。

ジェリー・リー・ルイス。グリッサンド（指先を鍵盤上ですばやくスライドさせること）をはじめ、ワイルドなピアノを弾く白人ロックンローラーとして人気をあつめた。演奏中にピアノの椅子を蹴ったり、立ったままピアノを弾いたり、鍵盤の上に座ったりする過激なパフォーマンスでも有名。〈ホール・ロッタ・シェイキン・ゴーイン・オン〉と〈火の玉ロック〉はビートルズを虜にしている。とりわけジョンは、〈ホール・ロッタ・シェイキン・ゴーイン・オン〉を取りあげて、これをロックンロールの象徴とした。

バディ・ホリー。しゃっくり唱法の、メガネをかけた美男子。〈ザットル・ビー・ザ・デイ〉〈イッツ・ソー・イージー〉〈ペギー・スー〉などのヒットを放った。フェンダー・ストラトキャスターが放つギターの音色は、ポール、ジョージ、ジョンを夢中にさせた。ジョージは「ストラトを抱えたバディ・ホリーの写真をはじめて見たとき、もうそれだけで射精しそうになった」と回想している。近視のジョンは、黒ぶちのメガネをかけて歌うバディ・ホリーに将来の自分を重ねて、幾度も〈ザットル・ビー・ザ・デイ〉を歌うのだった。

ジーン・ヴィンセント。〈ビー・バップ・ア・ルーラ〉の出だしの「ウェール」

を聴くたびにジョンは恍惚となった（ソロになってからこの曲をレコーディングしている）。〈ビー・バップ・ア・ルーラ〉はポールのお気に入りでもあり、最初に買ったレコードでもあった。バックアップ・バンドのクリフ・ギャラップのギター奏法（ギャロッピング奏法）はロック史に名をとどめているが、これはジョージが熱心に習得したテクニックである。

エディ・コクラン。〈バルコニーに座って〉〈サマータイム・ブルーズ〉などの大ヒット曲をもつ。ロックンロール映画『ザ・ガール・キャント・ヘルプ・イット』（『女はそれを我慢できない』）の彼はいま見てもまぶしい。ポールは、ジョンと出会ったその日、いちばん最初に披露したのは〈トゥエンティ・フライト・ロック〉だった。

ボブ・ディランーービートルズをアイドルから脱皮させた詩人

ボブ・ディランは、ビートルズがいなかったら、ロックへ〝転向〟せずに終わったかもしれない。同様にビートルズは、ディランがいなかったら、〝アイドル〟路線を走りつづけたかもしれない。

ディランは「自分のことを自分の言葉で語り、自分の思いどおりに演奏する」というスタイルを早くからもっていた。わずか二〇歳で頭角をあらわし、自作の〈風に吹かれて〉でニュー・フォークの旗手となった。どれだけ弾丸の雨が降ったらおさまるのだろうかと問いかけ、「その答えは風に舞っている」という文学的言辞でしめくくった。

ディランの歌には「私」があった。第三者のことを歌っても「私」が感じられた。むろん、それまでのヒット・ソングにも「私」はあったが、それは「私」ではなかった。そうした「私」はたいていがラヴ・ソングで、「みんな」の気分をあらわしており、「みんな」と重なり合うものであった。しかし、ディランの「私」は違った。彼の「私」は個人の肉声であり、「みんな」とは一線を画していた。

デビューしたばかりのビートルズは、ラヴ・ソングを量産して少女たちを熱狂させていた。彼らが「キミとボクのラヴ・ソング」をだんだん書かなくなり、内省的でしかも本心を文学的修辞でつつむようになったのはディランの影響である。

とりわけジョンは、ディランに傾倒した。アルバム『フリーウィーリン　ボブ・ディラン』や『ブリンギング・イット・オール・バック・ホーム』に魅せられ、書くものに自分の内面を反映させていった。〈ヘルプ！〉〈アイム・ア・ルーザー〉〈ベイビーズ・イン・ブラック〉〈悲しみはぶっとばせ〉〈ノルウェーの森〉などがディランの影響があるといわれている。

ジョンは、モノを擬人化したり、ものごとを暗喩で表現することに才能を見いだしたが、それはボブ・ディランの作詞技法からインスピレーションを受けたからにちがいない。

こうしてボブ・ディランに感化されたビートルズは「脱アイドル化」し、ディランとともに「ロック」の創始者になっていくのであった。

スモーキー・ロビンスン――スモーキー・ザ・ポエット

英詩では、リズミカルになることからライミング（rhyming：韻を踏むこと）を念頭において文章をつくることがよくある。主として、脚韻（最後で韻を踏む）と頭韻（最初で韻を踏む）があり、ビートルズはこの技法をあちらこちらで用いている。

ライミングといえば、まず指を折らなくてはならないのはスモーキー・ロビンスンだ。彼は作曲者としても創意に富んでいたが、歌詞を書かせても天下一品であった。

ボブ・ディランはスモーキー・ロビンスンのことを「アメリカにおける最高の詩人」だと讃えたが、〝スモーキー・ザ・ポエット〟は、伝統的な構文や慣用句を用いながら、ライミング、地口（同音または声音の似かよった別の語をもってきて、違った意味をあらわすこと）、メタファ（暗示に訴えながら、ものの特徴を説明すること）を駆使したのであった。

たとえば、名曲〔トラックス・オヴ・マイ・ティアーズ〕では、face / place / trace などに韻を踏ませ、なおかつ意味をちゃんとつなげているのは、まさに至芸である。

お手もとにあるビートルズの〔ア・ハード・デイズ・ナイト〕の最初のヴァースを眺めていただきたい。dog - log / moan - alone / right - tight がそれぞれ押韻することで、耳に心地よいリズムをつくっている。〔レディ・マドンナ〕では、feet - meet / rent - sent / suitcase - bootlace / nun - run / breast - rest / bed - head / ending - mending などが韻を踏んでいる。

中間韻（文の中間で韻を踏むこと）はけっこう難しいが、ポールはそれにも挑戦している。〔ヘイ・ジュード〕を聴いてみよう。bad - sad / better - let her に韻を踏ませ、気品のあるメロディをより端正なものにしている。スモーキー・ロビンスンのライミング技法を身につけることで、ビートルズは曲をよりリズミカルなものへと昇華することができたといえよう。

ビーチ・ボーイズ——魅惑のヴォーカル・ハーモニー

一九六七年六月、『サージェント・ペパーズ・ロンリー・ハーツ・クラブ・バンド』が発表された。いまから五〇年以上も前につくられたアルバムだ。しかし、その輝きはいまも失われてはいない。

『サージェント・ペパー』はどうして生まれたのか。

六五年の暮れ、大西洋の向こう側でブライアン・ウィルスン（ビーチ・ボーイズ）は、ビートルズの『ラバー・ソウル』（曲名や曲順がオリジナルとは若干異なるアメリカ編集盤）を聴いて大きな衝撃を受けていた。彼はこうふりかえる。
「それ（『ラバー・ソウル』）は明らかにぼくにとっての挑戦だった。どの曲も芸術的に奥深く、また刺激的であった。そこでぼくは『ペット・サウンズ』に着手したんだ」

『ラバー・ソウル』に匹敵するものをつくりたい。こうして産み落とされたのが『ペット・サウンズ』だった。そこには、精妙なコーラス・ワークとシンフォニック（交響曲的）なベース・ラインを際立たせるサウンド・テクニックがあった。ティーンエイジャーの日常を美しいメロディにのせることで、アルバム全体にひとつのコンセプトをもたせたというのもまた、このアルバムの大きな魅力であった。

『ペット・サウンズ』を超えるものをつくりたい。ビートルズは創作欲をかきたてられた。こうして完成されたのが『サージェント・ペパー』である。アルバムをプロデュースしたジョージ・マーティンは、「もし『ペット・サウンズ』がなかったら、『サージェント・ペパー』もなかっただろうね」と語っている。

ビートルズは『ペット・サウンズ』の、とりわけヴォーカル・ハーモニーに息をのんだ。なかでも〈ゴッド・オンリー・ノウズ〉は、ビートルズへの挑戦状ともいえるものだった。その美しいコーラス・ハーモニーを聴いたビートルズは互いに顔を見合わせた。

「ぼくたちにもこれと同じようにできるかな」

ビートルズがたずねた。

「いや」

ジョージ・マーティンは答えた。

「もっとよいものができるよ」

もとよりビートルズは卓越したコーラス・グループであった。エヴァリー・ブラザーズのようなクロース・ハーモニーを身につけていたし、黒人女性グループによるハーモニーでメロディをつくりあげる唱法も習得していた。それは『ラバー・ソウル』に収められた〔ユー・ウォント・シー・ミー〕〔ミッシェル〕〔ガール〕などのコーラス・ワークを聴けばすぐにわかるはずだ。

しかし、ビーチ・ボーイズはビートルズよりもさらに上をいっていた。じっさい対位法をつかった曲づくりはビーチ・ボーイズのほうが一枚上だった。

しかし、ビートルズは負けていなかった。〔シーズ・リーヴィング・ホーム〕をもってそれにこたえたのだ。登場人物を立体的に描いた歌詞も見事だが、なんといっても心を奪われるのはポールとジョンの声のやりとりだ。対位法を用いて、ポールのファルセットとジョンのドライで鼻にかかった声を巧みに〝応答〟させている。〔シーズ・リーヴィング・ホーム〕を聴いたブライアン・ウィルスンはのちにこう語っている。

「涙ぐみそうになった。こんな美しい曲は聴いたことがなかった」

ビートルズがビーチ・ボーイズのコーラス・ワークの巧みさを知らなかったら、

〈シーズ・リーヴィング・ホーム〉はおろか、アルバム『サージェント・ペパー』もつくられなかっただろう。そして、ジョージが「ビートルズにおける最高のハーモニー」と自賛する、『アビイ・ロード』に収められた〈ビコーズ〉も生まれなかったかもしれない。

第3章

運命の女神たち

ジョージ・ハリスン

「ラジオ」と「レコード」

ラジオとレコードが、ビートルズに果たした役割は大きかった。

どうしてかというと、それが「音楽の耳」をつくることに寄与したからだ。映像や譜面に頼らずに、耳だけで音楽に接する時期をもつことは、「音楽の耳」をつくるうえで欠かせない。目を動員させてしまうと、かたちや技巧ばかりに気をとられ、音の本質に迫れないのだ。そうとは知らず、生まれてから少年期まで音楽的に〝恵まれない環境〟にあったことは、ミュージシャンを目指す者にはラッキーだった。

イギリスでラジオ放送が始まったのは一九二〇年である。途中、英国空軍の無線に混信を与えることが判明して封印された時期があったが、再開されると、またたく間に階級を超えて国民のあいだに広がり、文字どおりマス（大衆）に向けたメディア（媒体）になった。戦後、ハイブラウ（インテリ）でもロウブラウ

(教養のない人)でもない、「ミドルブラウ」と呼ばれる「知識や教養をちょっぴり身につけた新興大衆」が出現したが、そういうソフィスティケイトされた(=お上品ぶった)層をつくりあげるのに大きな役割を果たしたのはラジオであった。

想像力にあふれた少年たちの心に、ラジオが与えたインパクトは強大だった。とりわけ一九五一年に放送を開始した三〇分のコメディ番組『グーン・ショー』は画期的なものであった。コメディとしても、発想としても型破りで(つまりシュールで)、少年少女たちの言葉づかいから人格形成にまで多大な影響を及ぼしたといわれている(ジョン、ポール、ジョージの三人はスピーカーに釘づけになったことを明かしている)。ミドルブラウはこのお笑い番組をつうじて、大英帝国的な権威であっても茶化していいということを学んだのだった。

四〇年代の前半に生まれたビートルズは、TVというものを知らずに少年期を過ごしている。イギリスにTVが普及するのは、五三年のエリザベス二世の戴冠式のときだ(三六年に開始されたTV放送は、戦時中に中断されたこともあってなかなか普及しなかった)。それに合わせて一般家庭はTVをレンタルしたのだ。しかし、残念なことに、少年少女が求めていた娯楽はTVのなかにはなかった。ラジオのほうがはるかにましだった。音声のみを伝達するラジオは、視覚を要求しないため、演劇やオペラなどの総合芸術よりも、とりわけ音楽と結びついた。もちろんニュースが主流だったが、大人向けのポピュラー・ソングも流していた。少年のジョンはドリス・デイの〈クローズ・ユア・アイズ〉、ポールはパット・ブーンの〈アイル・ビー・ホーム〉がお気に入りだった。

五〇年代半ばになると、トランジスタラジオが出現し、小型化、軽量化、携帯化がなされると、車の中や路上でも音楽を聴けるようになった。これが若者文化に与えた影響は途方もなく大きかった。

一九六〇年になっても、BBC(イギリス公営放送)はロックンロールに興味を示さなかった。というか、冷やかな目で見ていた。そのころ電波にのるポピュラー音楽の主流は、BBCの楽団であるNDO(ノーザン・ダンス・オーケストラ）の演奏と甘い声でささやくアメリカのポピュラー・ソングだった（BBCがポピュラー音楽専門局を開局するのは六四年になってからである）。

ロックンロールを聴きたい若者はどうしたか。海の向こうのラジオ・ルクセンブルク（中波AM）に周波を合わせていたのである。

ラジオ・ルクセンブルクの英語放送は夜間だけだった。ジョンやポールはベッドに入って、そこから流れてくるロックンロールに耳をかたむけた。音が途切れたり、雑音でかき消されることもあったが、スピーカーからはファッツ・ドミノ、エルヴィス・プレスリー、チャック・ベリー、リトル・リチャード、ジーン・ヴィンセント、エディ・コクランのシャウトがたしかに流れてきた。ジョンが運命の曲〈ハートブレイク・ホテル〉をはじめて耳にしたのは、ラジオ・ルクセンブルクをつうじてであった。

まめなポールは、夢中になって歌詞をメモしていた。気に入ったものはレコードを買い、くりかえし聴いて、歌詞を覚え（歌詞カードはなかった）、ギターのコード進行を確認した。こうすることでポールは、知らずしらずのうちに曲の構成を覚えたのだった。

ビートルズがラッキーだったのはもうひとつある。ロックンロールの黎明期に立ち会い、それをすぐにレコードで享受できたことだ。

レコードがアメリカで普及しはじめるのは、一九二〇年代に入ってからだ。むろん、ロックンロールはまだ〝発明〟されていない。しかし、三〇年代になると、電気仕掛けでもっと音を大きくする方法がアメリカで発明され、四〇年代にアコースティック・ギターがエレクトリック・ギターに持ち替えられた。そして五〇年代半ば、ビートルズがティーンエイジャー真っ盛りのころに、ロックンロールのレコードがどっとリヴァプールに入ってきたのである。

なんというタイミングであろう。しかるべきときに、しかるべきものが、しかるべき少年たちに届けられたのだ。これを幸運と呼ばずに何と呼ぼう。

「徴兵制」の撤廃

二〇世紀に起きた二つの世界大戦では、イギリスはいずれも戦勝国だった。しかし、第二次大戦では甚大な被害をこうむっている。とくにリヴァプールは、復旧にかなり時間を要してしまった。戦争が終わっても食糧難は改善されず、配給制が続けられたのだった。

イギリスがこの二つの戦争によって、自国を取り巻く世界、とくにヨーロッパ大陸の国々に不信感をもったのはいうまでもない。それは戦後になっても、徴兵制をしいていたことからも明らかである。

一九一六年、イギリスは徴兵制を施行した。第一次大戦が終結すると志願制になったが、第二次大戦の勃発とともにふたたび徴兵制が復活して、一八歳から四一歳までの男子に兵役が課せられることになった。

戦後になって平和がおとずれても、徴兵制は解かれなかった。もちろん対象となったのは青年男子である。彼らは一八歳を過ぎれば召集され、二年間は兵役につくことになっていた。

当時の若者にのしかかっていた精神的な重圧は、はかりしれないものがあった。ビートルズのメンバーは全員、徴兵の恐怖におびえていた。とくに、年長のリンゴ（一九四〇年七月生まれ）とジョン（一九四〇年一〇月生まれ）にとっては、それはまもなくやってくる「切実な問題」だった。しかし、彼らにできることは、どうか召集の条件が緩和されますように、さらにはどうか徴兵制度それ自体が廃止されますように、と祈ることだけだった。

果たして、ひとつめの祈りはつうじた。

一九五五年の一〇月九日、ジョンの一五回目の誕生日にあたるまさにその日、新聞各紙は徴兵の年齢が段階的に引きあげられる方針であることを伝えていた。「そのとき」は一九歳に引きのばされたのだ。つまり、延期が決まったのである。これで、リンゴとジョンは五九年から六一年にかけて、ポールは六一年から六三年にかけて、ジョージは六二年から六四年にかけてそれぞれ徴兵されることになった。将来にまだ暗雲はたれこめていたが、延期されたことで、束の間、胸をなでおろすことができた。

そして、その二年後の一九五七年、幸運の女神は、またしてもビートルズにほほ笑むのだった。今度は徴兵制が「一九六〇年に廃止される」ことが発表されたのである。五九年に法が改正され（徴兵制度は六〇年一一月の立法措置で廃止）、三九年以降に生まれた男子にはナショナル・サーヴィス（兵役）の義務がなくなるというのだ。ここに至って、四〇年生まれのリンゴもジョンも、召集の対象外になったのである。

まさに間一髪であった。南アイルランドへ逃げる計画を立てていたジョンは、「そのときばかりは神に感謝したよ」と追想している。ポールは「徴兵制度が残っていたら、おそらくビートルズは存在しなかっただろう」と語っているが、間違いなくビートルズが結成されることはなかったろう。

若者たちは大はしゃぎだった。軍隊に入るために「髪を切る」ではなく、街にでるために「髪を伸ばす」ことができるようになったのだから。ポールによれば、まるで、鎖をとかれて四方八方へ走りだした子どものように、はしゃぎまくったらしい。

メディアもこのニュースを喜んだ。徴兵制の廃止が発表されたその年（一九五七年）、BBCラジオはさっそく『サタデイ・スキッフル・クラブ』を放送し始めた。これはイギリスのラジオ局によるはじめての「ティーンエイジャー向けの音楽番組」である。

当時のイギリスには、大人と子どものあいだの中間世代という考え方はなかった。じっさい、「ティーンエイジャー」という言葉すら、一九五六年になるまで誰も知らなかったのである。

ティーンエイジャーなる言葉は、徴兵制が撤廃され、ロックンロールが輸入され、テディボーイ（不良）が生まれ、若者文化が醸成されるなかで、アメリカから持ち込まれ、そして定着していったのである。

こうして四人は、晴れてビートルズ結成に向けて歩み始めたのだった。

ハンブルクでの下積み時代

リンゴ・スターが加入するまえのビートルズが、ハンブルク（ドイツ）に出稼ぎにやってきたのは、一九六〇年八月のことであった。ジョンはもうすぐ二〇歳、ポールは一八歳、ジョージはまだ少年のあどけなさを残す一七歳だった。

どうして彼らは国外に出たのか。大金を稼ごうともくろんだのではない。仕事にありつけたから、やむなく海を渡ったのだ。

ビートルズはまだアマチュアの域を出ないバンドであった。レコードは一枚もリリースしていないし、本格的なデビューも果たせぬままにいた。

ハンブルクでのステージは苛酷だった。リヴァプールでは長くて一時間のセッションしかやったことがなかったが、「ハンブルクでは、一日八時間もステージに立つことになった」（ジョン）からだ。

しかし、ここでも神はビートルズに味方するのであった。

ハンブルクでの幸運とは何か。

それは、「長時間に及んで演奏させられたこと」である。

いうまでもなく、成功には、才能に加え、トレーニングが必要だ。複雑なことをうまくこなすには、生まれつきの才能ではなく、それ相当の練習量が必要だというデータは研究者の調査にくりかえしあらわれている。

アメリカ人ジャーナリスト、マルコム・グラッドウェルは、「偉大な成功者には共通のルールがある」という興味ぶかい報告をしている。要約してみよう。

《成功には、才能にくわえてトレーニングが必要だ。しかし、才能のある人の経歴を調べれば調べるほど、持って生まれた才能よりも、トレーニングの役割のほうが大きいように思われる。起業家、バスケットボール選手、ヴァイオリニスト、小説家、チェスの名人など、さまざまな分野で「天才」と呼ばれるようになった人たちに共通しているのは、それまでに打ち込んできた時間がほぼ「一万時間」である》

一万時間——このマジック・ナンバー（魔法の数字）が、天才といわれる人たちに共通するトレーニング時間である。一万時間というのは途方もなく膨大な量の時間に思われるが、一日三時間のトレーニングを一〇年間続ける計算になる。

また、脳神経学者のダニエル・レヴィティンは「一万時間より短い時間で、真に世界的レヴェルに達した例を見つけた調査はない。まるで脳がそれだけの時間を必要としているようだ」と報告している。またしても「一万時間」だ。

天才とは量をこなせる人である。それも「一万時間」という量を。

ビートルズは、〔ラヴ・ミー・ドゥ〕でレコード・デビューするまえにハンブルクを三回訪れている。そして、三四週間でおよそ一〇六二時間、ステージに立っている。これはすなわち八か月ちかく毎晩、四時間半ほどのライヴ・パーフォーマンスをこなした計算になる。これにキャヴァーン（リヴァプールのクラブ。ビートルズは二年半のあいだに二九二回も出演）やその他の会場でのライヴ時間、そしてリハーサル時間（練習時間）を加えれば、ビートルズはデビュー前のわずか四年間ほどで一万時間（一日平均七時間）のトレーニングを積んだことになる。苛酷な修業も、見方を変えれば、望外の幸運であったのだ。

「幸運は準備のできている者におとずれる」のだとしたら、彼らはすでに準備がととのっていた。あとはデビューの機会を待つだけだ。

ビートルズは偶然のなりゆきでハンブルクへ行くことになったが、そこで修業を積まなければ、ひょっとするとアマチュアのままで終わったかもしれない。

ハンブルクでの修業時代をふりかえって、ジョンはこう述べている。

「俺を育ててくれたのはリヴァプールじゃない。ハンブルクだ。ビートルズはハンブルクで変わったんだ」

サウンドの魔術師たち

エンジニアリングは職人の世界だ。

ビートルズのエンジニアのひとり、グリン・ジョンズはこう語っている。どの音を際立たせるかによって、「同じ曲を同じ装置で録音しても、エンジニアによってそのサウンドは違ったものになる」。エンジニアの仕事は「サウンドそれ自体に、曲やアーティストにふさわしいと思うメンタル・ピクチャー（心の映像）を提示すること」だ。

レコーディング・エンジニアは、アーティストが欲するサウンドをつくりだすことに血道をあげる。職人気質がないとつとまらない仕事だ。しかし、エンジニアのやっつけ仕事に不満をもらすミュージシャンが多いのもまた事実だ。ところが、この点においても、ビートルズは恵まれていた。エンジニアたちはビートルズの要求にこたえることに喜びを見いだしていたからだ。

一九六六年はビートルズにとって画期的な年だった。過剰すぎる人気とそれによって引き起こされる厄災《やくさい》を理由に、コンサート活動の中止を表明したのだ。大きなスタジアムでコンサートをやったのもビートルズが最初なら、コンサート活動をやらないと宣言したミュージシャンも彼らがはじめてであった。しかし、これは商業的自殺行為とみなされた。ライヴ・パーフォーマンスをまったくせずに、レコーディングだけで成功したグループなどいなかったからだ。

周囲からは人気の凋落をあやぶむ声があがったが、ビートルズの意志は固かった。彼らはアイドルという衣裳をさっと脱ぎ捨て、レコーディング・アーティストになるべく、新たな地平に向かって歩み始めたのである。

こうしてつくられたのがアルバム『リヴォルバー』だ。ギミック（仕掛け）とコラージュを駆使した実験的なアレンジがほどこされ、その革新的なサウンドはきわめてソリッド感の強いものになった。アビイ・ロード・スタジオはサウンドの実験工房と化し、新たなビートルズ・サウンドがつくりだされた。この大躍進により、ビートルズはアイドルからアーティストへと変貌を遂げ、レコード市場は以前にも増して活況を呈するのであった。

ジェフ・エメリックは、たえずエキサイティングなサウンドを探求しつづけるエンジニアだった。バス・ドラムに衣服を詰め込んだらどんな音になるかとか、水のなかにマイクを突っ込んで録音したらどんなふうに聴こえるかを実験した。ジョンを一本のロープで逆さに吊してグルグルしながら録音したいと提案したこともある（これは実現しなかった）。

〈アイム・オンリー・スリーピング〉の逆回転のレコーディングや、〈トゥモロウ・ネヴァー・ノウズ〉のテープ・ループ（テープのお尻とアタマをつないで、同じ演奏がずっとくりかえされるようにする手法）などの革新的手法の開拓に尽力したのもジェフ・エメリックである。

彼はまた、ジョンが「ダライ・ラマみたいな僧侶が山頂から歌いかけているような感じにしてほしい」とか、「自分の声が月から聞こえてくるようにしたい」

と要求すれば、その表情や口調を感じとって、言葉のやりとりもせずに「山頂からの音」や「月から聞こえてくる声」をつくりだそうとするのであった。ジョンはまた、「オレンジのソーダみたいにシュワシュワしている音がほしい」という途方もない要求をしたこともあったらしい。

テクニカル・エンジニアのケン・タウンゼンドも優秀だった。彼の功績は、いまではあたりまえになっているアーティフィシャル・ダブル・トラッキング（ADT）を考案したことだ。それまではヴォーカルやインストゥルメンタルを二度録音してかぶせる、いわゆるダブル・トラッキングによって、声や演奏に幅と厚みをだしていた。それをたった一回の録音でダブル・トラッキングを可能にしたのである。これで、ビートルズがつくりだすサウンドはどんどん重層的になっていった。

〔ストロベリー・フィールズ・フォーエヴァー〕は、人工的（アーティフィシャル）にヴォーカルをダブルにしてテープ上の処理をほどこし、テープの回転数を変えたりして、テンポ、キイ、サウンドをさまざまに変化させた楽曲だが、これこそエンジニアリングの粋をあつめたものであった。

一九六七年当時、大半の人びとはステレオではなく、モノラルのプレーヤーでレコードを聴いていた。当然、つくり手もそれを考慮してモノ・ミックスでレコーディングをやっていた。『リヴォルバー』や『サージェント・ペパー』をモノ・ヴァージョンで聴くと、彼らエンジニアたちがつくりだした斬新なサウンドに息をのむであろう。

レコーディング技術の発達史を眺めると、レコーディング技術がビートルズのサウンドを変えたのではなく、ビートルズの発想をレコーディング技術が追いかけたというのがよくわかる。

ビートルズのエンジニアたちは、ビートルズを喜ばせたいという一心でサウンドをコラージュした。ビートルズの描いた下絵に、エンジニアたちがこまかな色をちりばめることで、意図するメンタル・ピクチャーができあがったのだ。ビートルズが「レコーディング・アーティスト」になれたのも、彼らエンジニアの献身的努力があったからこそなのだ。

プリミティヴでいたい

鮮烈なイメージを突きつけてくる音楽がある。

ジョンがつくった楽曲のなかでも最高のひとつだと思われる〈ハピネス・イズ・ア・ウォーム・ガン〉もそんなひとつだ。ダークな美しさをたたえながら、強烈なイメージをもって聴き手に迫ってくる。

「幸せとは射精したばかりの男性器」と解することもできるタイトルは、もともと〔Happiness Is A Warm Gun In Your Hand〕（きみの手に握られた温かい銃）だった。

悪魔が底なし沼にいざなっているかのようなメロディに、「早くやりてえ（早くヤクを打ちてえ)」だの、「おれは最強だぜ」といったチンピラ言葉がのっかる。凄味を帯びたヴォーカルに、bang(ズドンと撃つ・性交する)とshoot(発射する・射精する)を交えたコーラスがかぶさる。あたりは不穏な空気でいっぱいだ。

これはジョンがヨーコに夢中になっているときに書いた作品で、歌詞にでてくるMother Superior(女子修道院長)はヨーコのことだ。なんでも知っている、偉大な女性の比喩として使われている(ジョンはヨーコのことを「マザー」と呼ぶことがあった)。

物語性はあらかじめ放棄され、肉声のうめきと魂の叫びだけがさまよっている。肉欲に溺れ、麻薬に浸るジョン。出口のない欲求がうごめいている。自分をどうすることもできず、快楽と空虚に身をまかせているようだ。まさしく修羅の世界だ。

歌詞を読んでも、何をいいたいのかわからない。また、そうであるがゆえに不満をもらす人がいるが、何を意味しているのかを正確に知ることは重要ではない。ときに背反し、せめぎあうイメージこそが、この楽曲の魅力である。「この曲はほんとうに好きなんだ。すごく美しい曲だと思うよ」とジョンは語っているが、次々にくりだされる、強引ともいえる転調は息をのむほど素晴らしい。

どうしてこんなにも美しい曲になったのか。

それは、音楽理論上の常識にのっとらなかったからにほかならない。楽譜を読めないジョンだからこそできた力技だ。アナリーゼ（楽曲分析）を拒絶する名曲といってもよいだろう。

ジョンは「僕の曲かい、楽譜になったらおしまいさ。楽譜どおりに演奏したら、別のものになってしまうんだ」と述べているが、〝公式〟にしたがわないことが、ビートルズ・サウンドの原点だった。

ビートルズは音楽というものを、目（楽譜）ではなく、耳（サウンド）から覚えた。ビートルズが予想を裏切って期待を裏切らなかったのは、楽理に縛られない自由を手にしていたからだ。とりわけジョンはその傾向が強かった。

ミュージシャンとしてのジョンは「プリミティヴ」(素朴)であった。作曲のしかたを学んでいないし、そのための理論をきちんと習得しようともしなかった。

「自分をプリミティヴだというのは、音楽教育をきちんと受けていない生粋《きっすい》のミュージシャンという意味だ。これからもずっとプリミティヴでいたい」と述べているように、〝公式〟にしたがわないことで、みずからの感情やソウルを自由に表現したのだった。

ジョンは、亡くなるちょっとまえの一九八〇年九月、『ニューズ・ウィーク』誌のインタヴューで興味ぶかいことを語っている。

「ほんものの音楽、天啓の音楽、理解を超える音楽、ぼくとは無関係に思われる音楽、ぼくがたんなる通路でしかない音楽が、ぼくのところへやってくるんだ……いよいよその音楽が舞い降りると、ぼくは霊媒師のようにそれを懸命に書き写すんだ」

自分の気持ちに正直でいたいという姿勢が、作曲の定石をくつがえし、それがゆえに人びとを感動させたのである。「考えるな。感じよ」がジョンのスタイルだった。ポールもまた、「曲づくりの公式なんてないさ」といっているが、こうした二人が出会ったからこそ、ビートルズは数々の傑作を生んだのである。

なぜビートルズはアメリカを制覇できたのか

一九六三年のビートルズは快調だった。〈抱きしめたい〉の大ヒットで、新たに多くのファンを獲得、メディアからはひっぱりだこだった。イギリスじゅうで、もはやその名を知らない人はいないほど有名になっていた。しかし、アメリカではそうでなかった。ビートルズの名を知る者はほとんどいなかった。

そもそも大国アメリカは、他国の文化状況にほとんど興味を示さない。アメリカがすべてなのだ。マーティ・ワイルド、アダム・フェイス、クリフ・リチャード＆シャドウズなど、イギリスが誇る人気アーティストがアメリカ進出をこころみたが、コンクリートの床に一枚の葉っぱが落ちた程度のインパクトしか与えられなかった。

イギリスＥＭＩのアメリカ配給レーベルであるキャピトルは、ビートルズは売れないという理由で、シングル発売になかなか踏み切らなかった。ビートルズをもってしても、アメリカは遠かったのである。じっさい、初期のレコードは未発売だった。

なぜビートルズはアメリカを制覇できたのか。

時計の針を戻して、この難問に答えをだしてみよう。

一九六〇年前後、ロックンロールは急速に元気を失いつつあった。なぜか。

エルヴィス・プレスリーが軍隊に入ってしまったというのがいちばんの大きな理由であろう。エルヴィスは〝反抗〟のシンボルだったが、入隊は体制側の人間になることを意味していた。大人は喜んだが、若者は幻滅したのである。六〇年、エルヴィスは二年の兵役を終えて帰ってきたが、もはや以前の人気も輝きもなかった。

くわえて、リトル・リチャードは「神の啓示を受けて」音楽業界からの引退を表明（五七年）。ジェリー・リー・ルイスは重婚騒動でロックンロールの表舞台から退場（五八年）。バディ・ホリーは飛行機事故で不帰の人となり（五九年）、チャック・ベリーは一四歳の少女と肉体関係をもったことで入獄（六二年）するはめになった。かつてのロックンロール・ヒーローたちの衰退はいちじるしかった。

ラジオの人気ＤＪたちも姿を消してしまった。レコード会社は、ラジオでレコードを紹介してもらうため、ＤＪに食事をごちそうしたり、お金を渡したり、コールガールを派遣したりしていたことが次々に明るみにでたのである。ＤＪに賄賂を贈ることをペイオゥラ（payola）というが、ロックンロールを世に広めた人気DJのアラン・フリードたちが「ペイオゥラ疑惑」で失脚してしまったのだ。

さらに追い討ちをかけたのが、六三年一一月のジョン・F・ケネディ大統領の暗殺である。ケネディはアメリカの繁栄を象徴する輝かしい存在であった。その若きシンボルが一瞬にして消えてしまったのだ。その年いっぱい、アメリカは暗い気分で覆われていた。

明くる一九六四年の二月七日、名前を変えたばかりのジョン・F・ケネディ国際空港（ニューヨーク）に四人の若者が降り立った。

それがビートルズだった。まぶしいくらいの笑顔とキュートなルックス。そしてキラキラ光るサウンド。アメリカは新たな時代の到来を予感し、両手をひろげて、ファブ・フォー（素敵な四人組）を歓迎したのである。

ビートルズがアメリカの地を踏んだとき、アメリカにはヒーローが不在だった。ヒーローがいなくなったという喪失感から癒えようとしているまさにそのとき、

〝新世界〟への入口のような笑顔をもったビートルズがやってきたのだ。

ビートルズはアメリカ「再生」のシンボルであり、「希望」のエンブレムであった。アメリカは、みずからすすんでビートルズの魔法の虜になろうとしていた。そして、それはまた、ショー・ビジネス史上、前代未聞ともいえる幸運でもあった。

とまどっていたのはビートルズ自身である。自分たちはアメリカにすでにある音楽の真似ごとをやっているにすぎないのに……と首をひねっていた。あっちには大スターがごろごろいるのに、自分たちがどうしてこんなにもてはやされるのか。ポールはニューヨークへ向かう機内で、「アメリカにはなんでもあるのに、ぼくたちが向こうに渡ってお金を稼ぐ理由なんてあるんだろうか」と不思議がっている。

しかし、マネージャーのブライアン・エプスタインだけは、こうした状況をちゃんと把握していた。そして、この好機を見逃さなかった。大規模コンサートだけでなく、TVとラジオへの出演を局の担当者にはたらきかけ、見事にそれを実現させたのだった。

二月九日に放映されたTV番組『エド・サリヴァン・ショー』では、七二パーセントという驚異の視聴率を記録した。およそ、二三二四万世帯、人数にすると七三〇〇万人がこの生番組を見たといわれている。

ビリー・ジョエルは「あの夜、『エド・サリヴァン・ショー』を見ていなかったら、こんにちのぼくはないと断言できる。この世に存在してさえいなかったかもしれない。ぼくの人生が活力に満ちているのも彼らのおかげなんだ」と述べている。

ビートルズの人気はどれほどすごいものだったたか。

六四年の四月、全米ヒット・チャートで、なんと第一位から五位まで独占するという歴史的快挙を成し遂げたのである。第一位は〔キャント・バイ・ミー・ラヴ〕、二位は〔ツイスト・アンド・シャウト〕、三位は〔シー・ラヴズ・ユー〕、四位は〈抱きしめたい〉、五位は〈プリーズ・プリーズ・ミー〉だった。

こうして、アメリカで生まれたロックンロールは本国では廃《すた》れたものの、イギリスで引き継がれ、逆輸入されるかたちで蘇生し、のちにロックへと進化するのであった。

アメリカはビートルズによって自信を取り戻した。自分たちが生んだ音楽がいかに素晴らしいものであるのかをビートルズによって再認識させられたからだ。

ボブ・ディランはこう語っている。

「アメリカはビートルズのために像を建てるべきだよ。なぜなら彼らのおかげでアメリカはプライドを取り戻すことができたんだから」

第4章

偉大なる足跡

リンゴ・スター

ひとつのユニット

ビートルズは一個の有機体である。「偶然的必然」で結ばれた個の統一体なのだ。

ビートルズは誰かひとり抜けても成立しない。ビートルズは、ジョン、ポール、ジョージ、リンゴの四人でひとつのユニットだ。もし誰かが欠けていたら、世界的な成功をおさめることができなかっただろうし、数々の名曲を世に送りだすこともなかったろう。ビートルズの解散が、その完結性のゆえ、ひとりの偉大なアーティストの死を想わせたのはそのためである。

ジョージ・マーティン（プロデューサー）がそれを裏づけることをいっている。

「四人があつまったとたん、そこにはカリズマ的な魅力が生まれるんだ。誰も説明できない魔法のような力がね」

四人があつまると化学反応が起こる。なかでも〈ウィ・キャン・ワーク・イット・アウト」（邦題〈恋を抱きしめよう〉）は、四人が共働しているさまがよくわかる楽曲だ。

この曲はポールが恋人（ジェイン・アッシャー）との関係をつづったものだが、タイトルにもなっている「ぼくたちならなんとかうまくやっていける」は、そっくりそのままビートルズにあてはまるものだ。

出だしはポール、マイナー調の部分はジョンが書いている。ジョンとポールのどちらがどのパートをつくったかすぐにわかるが、二人の個性がひとつの曲のなかにうまく溶け込んでいる。

ヴォーカルはポール。マイナー調のメロディになる中間部からジョンが入ってくる。ポールが「ぼくたちならなんとかできるさ」と軽快にさえずれば、ジョンが背後で「人生は短いんだから、くだらないことでケンカしている暇なんかないよ」とぶっきらぼうにつぶやく。もうひとつの視点が示されるのだ。全体の色調をひとつに塗り込めないのがいい（スティーヴィ・ワンダーのカヴァー・ヴァージョンがつまらないのは、視点の転換がなく、全体を明るくまとめているからだ)。

相反する二つを融合させるとき、その結節部で、ジョージとリンゴが巧みな仕事をする。そこに独特の変拍子が生まれ、それまで聴いたことのないような転調の美しさが生まれる。ジョンがいみじくもいっているように、「ビートルズ・ミュージックというのは、四人が集まったときに生まれる」のだ。

この曲でいえば、途中でワルツふうになるところにビートルズらしさを感じないではいられない。これはジョージのアイディアだ。あの三拍子のワルツで曲が揺曳《ようえい》しはじめ、ポールとジョンの異なる世界観が示されるのだ。

ジョージはいっている。

「ぼくたち一人ひとりでは、それほど大したミュージシャンではないし、さほど才能があるわけでもない。でも、四人があつまってビートルズになれば、ひとりのときでは信じられないようなミュージシャンになれるんだ」

控えめだが、リンゴもいい仕事をしている。バスドラとうまく組み合わせたシンバルが印象的で、この作品が傑作になることに貢献している。

曲がつくられる過程を、ジョンはこんなふうに説明している。

「まず、曲の構想を練る。それからメンバーのまえで演奏する。みんなに少し考えてもらってから、録音してみる。それから、ここは違うなと思ったら、やり直す。すると、それだよそれ、ソロがここにきて、それがあっちにいく、というようなことがわかってくる。ジグソー・パズルをしているようなものだよ」

ビートルズの足跡をふりかえって、ジョンはこう述懐したことがあった。

「四人の力を合わせれば成功は間違いないと思っていた。ひとりでは誰もうまくいかなかっただろう」

「模倣」と「独創」

「ビートルズは誰もやらないことをやっていた。コードにしても型破りだった」

こう語るのはボブ・ディランだ。

ディランによらず、はじめてビートルズの音楽にふれた人びとの証言をかき集めると、「独創的だった」「変わっていた」「違っていた」「不思議だった」という表現によく出くわす。そこでビートルズは、いきおい「伝統を破壊した」といわれるのだが、果たして、そういいきってしまっていいのだろうか。

伝統というものは、絶えず前衛の波に洗われ、変形を余儀なくされて生きながらえるものである。前衛を拒絶する伝統は、そこで途絶えるか、もしくは因習となって、やがて消えゆく運命にある。前衛を拒むものは死滅するのだ。いっぽう前衛もまた、たえず伝統への尊重があってこそ、前衛でいられるものだ。伝統のすべてを否定しては破壊主義者となんらかわりはない。

たしかにビートルズは革新的存在であった。当時、彼らは前衛であったが、伝統を全面的に拒絶していたかというとむろんそうではない。それどころか、彼らは伝統の継承者でもあった。

ポールはこんなふうに述べている。

「すべて模倣から始まったんだ。これから曲づくりを始めようという人たちにはいいヒントになるよ。模倣はすべての始まりだからね」

これは、ビートルズが伝統の継承者であったことを示す発言である。「学ぶ」の語源は「真似《まね》ぶ」であるという説もあるように、模倣こそが上達への近道であるということをポールはちゃんと心得ていた。ポールはまた、「作曲の技巧をはじめとする古い価値観を手放さずに、ロックンロールを受け入れるのは可能だと思った」とも語っている。

じっさい、デビューするまえは、バディ・ホリー、チャック・ベリー、ボウ・ディドリー、リトル・リチャードの楽曲をカヴァーしていたし、曲づくりにおいてはジェリー・リーバー&マイク・ストーラーや、ゴフィン&キングのソングライティング・チームを手本としていた。

ボブ・ディランにしてもそうだ。長いこと創作技法をわたしたちの目から遠ざけてきたが、二〇〇四年のインタヴューで「ソングライターになりたい者はできるだけたくさんのフォーク・ミュージックを聴いて、一〇〇年前から続く音楽の形態や構造を学んだほうがいい。ぼくはスティーヴン・フォスターまでさかのぼっている」と述べて、過去から学ぶことの大切さを力説している。〈風に吹かれて〉はカーター・ファミリーのスピリチュアル（黒人霊歌）からヒントを得てつくられたことや、〈時代は変わる〉がスコットランドの民謡からインスピレーションを受けて書かれたということも明らかにした。

「独創」を手にするにはどうしたらいいのだろうか。

まずは「模倣」である。くりかえし真似てみるのだ。そして、うまく真似ることができるようになったら、そのデフォルメ（変形）をやってみる。ひねったり、こねたり、丸めたりする。これを飽かずにやっているうちに「独創」が視野に入ってくる。

ビートルズは「模倣」と「デフォルメ」に明け暮れた。修業期ばかりではなく、有名になってからもそれをくりかえした。

じっさい、ポールの名曲〈ヘイ・ジュード〉は、ドリフターズの〈ラストダンスは私に〉をくりかえしピアノで弾いているうちにひらめいたそうだし、〈バック・イン・ザ・U.S.S.R.〉は、チャック・ベリーの〈バック・イン・ザ・U.S.A.〉から拝借したものだ。歌詞もパロディだ。おまけにポールはエルヴィス・プレスリーに似せて歌っているし、ジョンとジョージはビーチ・ボーイズを真似てコーラスをつけている。結果、遊び心に満ちた傑作となった。

ジョージは〈サムシング〉の歌詞で、ジェイムズ・テイラーの曲のタイトル〈サムシング・イン・ザ・ウェイ・シー・ムーヴス〉（彼女のしぐさの何気ないところ）をそっくり拝借している。いわば「本歌どり」をやっているのだ。しかし、それが「史上最高のラヴ・ソング」〈フランク・シナトラ〉になった。ジョージ本人も「最高にうまく書けた曲」とご満悦だ。また、〈ロング・ロング・ロング〉では、ボブ・ディランの〈ローランドの悲しい目の乙女〉のコード進行を真似てつくっている。歌詞に出てくる「あなた」は、恋人のことではなく、神のことだとジョージは述べているが、歌詞の内容とワルツふうの調べが見事に合わさって、美しい曲に仕上がっている。

リンゴがつくった〈ドント・パス・ミー・バイ〉（「ぼくを無視しないで」の意）は、リンダ・フラナガンが歌った〈パス・ミー・バイ〉にインスピレーションを受けて書かれている。リンゴの声とカントリーふうのアレンジがうまく調和して佳品になった。

もちろん、ジョンもパロディ曲をつくっている。いわずと知れた〈カム・トゥゲザー〉だ。チャック・ベリーの〈ユー・キャント・キャッチ・ミー〉にメロディがそっくりだが、いまやこのメロディだけを聴かされたら、誰もがビートルズの〈カム・トゥゲザー〉というであろう。二流のアーティストは真似にとどまるが、偉大なアーティストは自分のものにしてしまうという恰好の例である。「音楽はすべて焼き直し」であり、「ヴァリエーションがあるだけだ」とまでジョンはいいきっている。

伝統の楽曲に自分たちの音楽を重ねて、脈々と続いている流れにそれを返してあげる。そうすることで歴史はつながっていく。独創は教養的な重みをはねのけて創造されるのではなく、教養をうまく変換していくところに芽をだすのだ。

独創とは、模倣とデフォルメを基本とするものであり、それは伝統の継承者のみが成しえるものである。独創とは九九パーセントの模倣と一パーセントのデフォルメである——このことをビートルズはわたしたちに教えている。

新しい表現者

ビートルズには〝核〟がない。

エルヴィス・プレスリーにおけるロカビリー、ローリング・ストーンズにおけるリズム＆ブルーズ、ボブ・ディランにおけるフォーク・ミュージックというような中心がビートルズにはない。ひとつのスタイルに固執しないのだ。

ビートルズはロックンロール・バンドとしてスタートしたが、やっていくうちにどんどんロックンロールという核が小さくなり、やがてカントリー、バラッド、インド音楽、クラシックなど、さまざまな音楽的要素が入り込んで雑種性を帯びてくる。とりわけアルバム『ラバー・ソウル』以降は、既成のジャンルに収まらないハイブリッド（雑種）なミュータント（突然変異）のような存在になっていくのだ。

それは、白人音楽と黒人音楽、メジャー（長調）とマイナー（短調）、独唱と応唱（コール&レスポンス）などの融合となって楽曲にあらわれた。また、歌詞においては、創作と説話、聖と俗、上品と下品、ナンセンスと意味深長、無邪気と知的洗練、スピリチュアリズムとリアリズム、祝祭と悲観などのモチーフを混入させて、ますます混沌を深めるのだった。

なかでも、「黒」と「白」の融合をやったことは快挙であった。それによって、ビートルズは「新しい表現者」になった。

スモーキー・ロビンスン（黒人シンガーソングライター）は次のように語っている。

「ビートルズとエルヴィス・プレスリーが好きだった理由のひとつは、彼らは白人のビッグ・スターだったのに、黒人アーティストを聴いていたこと。つまり、黒人の音楽をずっと熱中して聴いていたことを認めた最初の人たちだったということなんだ」

それまでのポピュラー音楽は、白人は白人、黒人は黒人というふうにはっきり区別されていた。人種的に劣るとされていた黒人の音楽を好んで歌う白人ミュージシャンは、わずかな例を除けばいなかったのだ。

ビートルズがデビューした一九六〇年代前半、人種差別はあたりまえで、とりわけアメリカ南部では、バスに乗るときも、映画を観るときも、レストランで食事をするときも、白人と黒人の座席は厳然と分けられていた。そういう時代だった。

しかし、ビートルズは黒人への偏見をもたず、ブラック・ミュージックが好きだと公言し、アーサー・アレキサンダーの〈アンナ〉、リトル・リチャードの〈ロング・トール・サリー〉、チャック・ベリーの〈ロール・オーヴァー・ベートーヴェン〉〈ロック・アンド・ロール・ミュージック〉、スモーキー・ロビンスンの〈ユー・リアリー・ゴッタ・ホールド・オン・ミー〉などの曲を好んでレコーディングした。ブラック・ミュージックに特徴的なブルーノートやシンコペイションを積極的に取り入れて曲をつくったのもまた彼らだった。

ブラック・ミュージックの魅力を大っぴらに声にしたことで、ビートルズはいまも畏敬の念をこめて語られている。ビートルズはブラック・ミュージックの素晴らしさをマーケットに認知させて、大衆音楽をよりポピュラーなものにしたのである。

「ビートルズ以前」と「ビートルズ以後」を俯瞰《ふかん》してみると、ビートルズが「ロック」というものをつくりだしたことに気づかされる。

ロックンロールは、8ビートを主体とする踊るための音楽、いや「踊りださずにはいられない音楽」であった。また、歌詞の多くは、ハイスクール、車、デート、衣服といったティーンエイジャーの生活に即した題材を扱っていた。しかし、ビートルズはさまざまな音楽ジャンルと幅広いモチーフを融合させて、ロックンロールの定義に収まらない「ロック」という音楽をつくってしまった。

ビートルズは〈異形〉のまま〈規範〉になった稀有な存在である。フランク・シナトラやエルヴィス・プレスリーにあるようなエスタブリッシュな（体制的な）匂いがしないのは、アヴァンギャルドでいながらスタンダードになったからである。

ロックとは何か。

それは、〈伝統〉のなかに〈前衛〉を取り込み、〈常識〉のなかに〈逸脱〉を盛り込んだ音楽スタイルのことである。

キーワードは「反抗」だ。伝統や権威に反抗するサウンドや歌詞であれば、それが「ロック」になった。もちろん、ワイルドであろうが、センチメンタルであろうがかまわない。反抗精神があれば、それがすなわちロックとなった。そして、その中心的役割を果たしたのがビートルズであった。

聴き手はロックを内面化し、それを思想にまで高めようとした。六〇年代から七〇年代をつうじて、ロックは明らかに「運動体」であった。ある者はシステム（体制）に反抗して拳《こぶし》をあげ、ある者はカウンター・カルチャー（対抗文化）の旗のもとに集結した。ロックは若者の新しいライフスタイルになったのだ。

八〇年代以降、運動体としてのロックは消滅したが、ロック的なスピリットや美意識は「生き方」として残った。夢や理想を仮託《かたく》できるロールモデルとしてのパーフォーマーを見いだせなくなると、「媚《こび》を売らずに自分の気持ちに正直に生きる」ことを存在証明の拠りどころにする個人が出現し、それを「ロックな生き方」として世に開示してみせたのだ。まさしくロックは信仰であったし、いまもなおその信奉者はいる。

ビートルズは「ロックンローラーの継承者」であったが、「ロックの創始者」でもあった。ビートルズは社会と個人の価値観に大きな揺さぶりをかけたという意味においても偉大であった。

「ソングライティング」という斬新

ポールは早熟だった。

父親のジムがピアノとトランペットをやっていたこともあって、ポールは早くから音楽に親しんでいた。作曲を始めたのは、ジョンよりもはるかに早かった。一二歳ごろから曲づくりを始め、まるまる一曲として完成させたのは〔I Lost My Little Girl〕という曲で、母親を乳がんで亡くした直後、一四歳のときにつくっている。

ジョンはそうしたポールに刺激されて曲づくりに興味をもち始め、一九五七年の夏ごろから二人は共作にいそしむようになる。彼らは創造的な野心が旺盛で、「レノン&マッカートニー・オリジナル」と書いたノートを持ち歩き、歌詞とギター・コードをせっせとノートに書きとめておいた。そして、どちらかが単独で書いた曲もかならず相手に見せ、共同名義で発表しようということに決めたのだった。

当時の時代状況を考えてみれば、これは驚くべきことである。一九五〇年代後半、テープ・レコーダーは庶民の手にとどくものではなかった。そればかりか、二人は楽譜も読めなかったのである。それがのちに、ニューヨーク・フィルの指揮者レナード・バーンスタインによって、「レノン&マッカートニーの作品はシューマンに匹敵する」と賞賛されるまでになるのだ。

ポールは述懐している。

「ぼくたちにはルールがあった。ごく早いうちに、経験からできたルールだった。それは、翌日になって覚えていないような曲はだめだということ。書いた本人が覚えていないような曲は、ふつうの人に覚えてもらえるはずがない。それがぼくたちの守ったルールだった」

その当時、曲をつくる人（ソングライター）とそれを歌う人（パーフォーマー）は別々だった。ビング・クロスビー、フランク・シナトラ、エルヴィス・プレスリーといったスターはみなパーフォーマーだった。

ジョンとポールが憧れたのは、ジェリー・リーバー（作詞）&マイク・ストーラー（作曲）のソングライティング・チームである。〔サーチン〕〔スタンド・バイ・ミー」〈カンサス・シティ〉〈ハウンド・ドッグ〉〈監獄ロック〉などを手がけていた。リーバー&ストーラーは白人だが、コースターズのような黒人ヴォーカル・グループやアーティストのために名曲をたくさんつくっていた。彼らにはロックンロールをまるでラジオのメロドラマのように仕立てる才能があった。

それから、ジェリー・ゴフィン（おもに作詞を担当）とキャロル・キング（おもに作曲を担当）のチーム（のちにキャロルはシンガーソングライターとして活躍する）。ゴフィン&キングはアメリカの音楽ビジネスを支えるティン・パン・アリー専属のソングライター・チームで、次から次へとヒット曲を量産していた。ビートルズは彼らのつくった〈ロコモーション〉や〈ウィル・ユー・ラヴ・ミー・トゥモロゥ〉〈チェインズ〉などをライヴ・レパートリーに加えていた。ジョンは「ぼくとポールはイギリスのゴフィン&キングになりたかったんだ」という言葉を残している。

いまでこそ、シンガーソングライターはよく見かけるようになったが、一九六〇年ごろはひじょうにめずらしかった。ローリング・ストーンズのキース・リチャーズはデビュー当時をふりかえって、次のように述べている。

「あのころの俺にとっちゃ、作曲なんてほかの誰かの仕事だった。俺の仕事はギターを弾くことだったし、それだけが俺のやりたいことだったんだ。自分が作曲家になるなんて、自分が原子物理学者になるくらい、考えられないことだったよ」

ビートルズがソングライティングをやっていることに驚いたのは、キース・リチャーズばかりではない。ミック・ジャガーもそのひとりで、彼ら（ミックとキース）はビートルズに触発されて、自分たちで曲を書くようになったのだった。レッド・ツェッペリンのジミー・ペイジもそうしたひとりである。

「彼ら（ジョンとポール）は、ぼくたちみんなに作曲家であり同時にシンガーであるという道を開いてくれた。彼らが出てくるまえとあとでは、状況がまったく違っていた。彼らは曲づくりをするすべてのグループに門戸を開放し、希望を与えてくれたんだ。作曲なんて思いもよらなかった人たちが、いっちょうやってみるか、と思うようになったんだ」

さらに驚くことは、ジョンとポールは曲づくりにおいてまったく苦労しなかったと語っていることだ。ポールはこんなふうに往時を懐かしんでいる。

「ぼくらの歌はいつも短時間でできあがって、けっして長引くことはなかった。ありがたいことに、数時間でできあがるんだ。悩むこともなかったし、実りのないセッションなんてひとつもなかったよ――じつにすごいことだけど、長年やってきて〝くそっ、曲が書けない〟ってセッションを投げだしたことは一度もなかったよ」

英語には〝Two heads are better than one.〟という慣用句があるが、ジョンとポールは「二人寄れば文殊の知恵」という関係にあった。こうして二人は、理論に飼いならされて萎《な》えきってしまった音楽に、新しい生命力を付与したのだった。

彼ら二人をずっとそばで見ていたジョージ・マーティン（プロデューサー）は次のように分析している。

「ジョンがポールに会わなかったら、あるいはその逆の場合もそうなんだが、どちらもあのような偉大なソングライターにならなかったろう。そこそこのソングライターにはなれたかもしれないが、何百万人、何千万人の人たちが二人に対して思っているような途方もなく素晴らしいソングライターにはならなかったろう」

彼らは二人でひとつの天才ユニットだった。しかし、ソロになると、事情は変わった。一九九〇年のインタヴューで、ポールは次のような心情を吐露している。

「共作者がほしいね。やはり第三者の意見って大事だよ。じっさいジョン・レノンを超える人間なんているはずがないと思っていたし、その考えにいまも変わりがないんだけど。ジョンはベストだった。ベストの上はないんだよなあ」

ジョンにしても、ポールの存在がいかに大きかったのかは、ソロ・アルバムの数枚を聴けばたちどころにわかるはずだ。じっさい、ジョンは「ポールとまたやりたいな」と身近な人にもらしている。

ロック・ミュージックが世界に広がったのは、ソングライティングとパーフォーマンスが一体となった世界観がファンに受容されたからだが、これもまたビートルズが先鞭をつけたことであった。

「ユーモア」と「言葉遊び」

一九六四年二月七日、ビートルズは憧れの地、アメリカに乗り込んだ。ジョン・F・ケネディ国際空港では、多数の報道陣と三〇〇〇人ものファンが待ち受けていた。

とびきりの衝撃は、おでこに前髪を垂らした「モップトップ」(日本ではマッシュルームカット)と呼ばれる彼らのヘア・スタイルだった。はじめてナマのビートルズを見たレポーターは「なによりもぼくを驚かせたのは、彼らのヘア・スタイルだった。もちろんいまのものさしで見れば、とりたててどうということもない地味なものだが、当時の標準からすれば、とんでもなく奇抜だった」（『ビートルズ 1964-65』ラリー・ケイン）と記している。

記者会見では、やはり髪型のことが話題になった。レポーターから「髪を切ろうとは思わないのですか」との質問が飛んだ。すると、ジョージが「きのう切ったけど」と平然と答える。「あなたたちの髪はほんものですか」と問われると、こんどはポールが「あなたのは？」とすかさず切りかえす。「ハゲを隠すためにそういうカツラをかぶっているのは何人いますか」という質問には、まずリンゴが「全員ハゲです」と応じ、ポールが「誰にもいわないでね」とつなげ、ジョンが「耳も聞こえないし、口もきけません」としめくくる。

まるでコメディを見ているかのようである。

ビートルズのユーモアは、それまでのスターにないものであった。スターといわれる人は、たいてい無愛想か、そうでなければ不機嫌だった。ビートルズは、四人ともユーモアのセンスがあった。それもナンセンスと知性が結びついたユーモアであった。

なかでも、アメリカ人がもっとも注目したのはリンゴだった。リンゴの屈託のないユーモアにアメリカ人は心を躍らせたのだ。

リンゴは、アメリカへやって来るまであまり注目を浴びることはなかった。

「ビートルズでいちばん好きな人の人気投票をやっても、ぼくは一位になれないよ。でもね、二番目に好きな人の人気投票をやれば一位になれると思う」といっていた。

ところが、アメリカに来てみると、だいぶ様子が違う。リンゴの人なつっこさ、陽気さ、軽さ、わかりやすさ、そうしたものが好まれたのだ。

ケネディ空港での記者会見ではこんなジョークをとばしている。

《記　者：ベートーヴェンが、あなたたちの曲に登場しますね。彼のことをどう思いますか。

リンゴ：彼はすばらしいよ。とくに詩がね》

このあとみんなが笑うと、何を笑っているのという顔をする。これがまたウケる。そっけない、ぶっきらぼうな返答を「ラコニック・フレーズ」というが、オフ・ビートの〝間〟をとることでリンゴは笑いをとった。以後、リンゴは行く先々でジョークをとばしまくった。傑作をいくつかお目にかけよう。

《記　者：リンゴ、どうしてそんなにたくさん指輪をしているのですか。

リンゴ：だって、鼻にはできないもん》

《記　者：トップレスの水着は好きですか。

リンゴ：もう何十年も愛用しているよ》
《記　者：ビートルズのメンバーにならなかったら、何になっていましたか。
リンゴ：ビートルズのマネージャー》

ニューヨークのレストランで、ワインのソムリエに「年代もの（ヴィンテージ）のコカコーラはないの？」とたずねたのもリンゴである。

ウィットに富んだ当意即妙な受け答えは、レポーターたちを魅了するには十分だった。気難しい、鼻持ちならないスーパースター意識とはまったく無縁であった。

ジョンは、そうしたリンゴの片言隻句《へんげんせきく》を歌詞のなかに取り込んだ。楽曲「ア・ハード・デイズ・ナイト」は傑作だが、このタイトルはいささかヘンだ。a hard day's ... ときたら、ふつうは a hard day's work（きつい一日の仕事）を連想する。ところが、ジョンはそうしなかった。なぜか。

ある日、リンゴは「きつい一日だった」と思ったとき、すでにあたりが暗かったので、後ろに〝night〟をつけ足して、It's been a hard day's night.（きつい一日の夜だったなあ）と何気なくつぶやいてしまった。これが周囲に大ウケ。ジョンの言語感覚を刺激して、名曲のタイトルにまで昇格してしまったのだ。

コロケーション（連語関係）を無視したリンゴの言葉づかいは、ジョンに「リンゴイズム」（リンゴの語法）とのちに命名された。

アルバム『リヴォルバー』の最後を飾るのは〝サイケデリックの傑作〟といわれる〈トゥモロー・ネヴァー・ノウズ〉だ。歌詞は、ティモシー・リアリー博士らの著作『ザ・サイケデリック・エクスペリエンス』にインスピレーションを受けて書きあげられているが、タイトルはリンゴが会見で口走った言葉（リンゴ語）からとられている。とったのは、またしてもジョンだ。

Tomorrow never comes.（明日は決して来ない＝きょうやるべきことはきょうのうちに）とすべきところを、Tomorrow never knows.（明日は何も知らない）と口走ってしまった。これがいたくジョンを喜ばせた。

言葉遊びはイギリス家庭における伝統的な遊びのひとつであるが、ジョンはリンゴの言葉をバーレスク（burlesque：滑稽化）することで稚気と知性をつないでみせた。これもビートルズの魅力のひとつだ。

「おちょくり」好き

一九六七年、画期的なアルバムが発表された。『サージェント・ペパーズ・ロンリー・ハーツ・クラブ・バンド』だ。ビートルズはまたしても並はずれた感性と創造力を証明したのだった。

コンサートをやめたあとにつくったアルバムが、観客のざわめきのなかに登場するサージェント・ペパーズ・ロンリー・ハーツ・クラブ・バンドという架空のバンドに扮したビートルズだった。

さまざまな楽器や機材を駆使した実験的な音づくりは「芸術作品の域にまで高められた」といわれるほどクオリティの高いものだったが、ここでもビートルズはユーモアを忘れなかった。アルバム・ジャケットのなかにいるビートルズの面々は、エドワード朝の軍服を装って、なにやら喜劇役者のような面持ちだ。

そもそも『サージェント・ペパー』におけるビートルズの狙いは、ロック・オペラっぽい道化じみた遊びをとことんやってみようということだった。ペパー軍曹が仕込んだ楽団になりすまし、ビリー・シアーズに扮したリンゴが「友だちにほんの少し助けてもらいながら」無邪気に歌い、ジョンは凧男《たこ》とたわむれ、ジョージは求道者になり、ポールは六四歳の自分を描いてみせた。それぞれが道化師を演じていたら、万華鏡のようなきらびやかなサウンドが織りなす完成度の高い音楽ができあがってしまったのだ。

アルバム全体を架空のバンドのショーにするというコンセプトを思いついたのはポールだ。ペパー軍曹が率いる架空の楽団が演奏していることにすれば、

「もっと音楽的な自由を手にすることができるのではないか」と考えてアルバムの構想を練ったのだった。

バンド名がふるっている。「ペパー軍曹の恋人募集中楽団」だ。ケニアへ休暇に出かけた折、帰りの飛行機のなかで、付き人のマル・エヴァンスが機内食の時間に〝S〟と〝P〟の印字がついた調味料の小袋を手に取って「ソルト・アンド・ペッパー」（塩と胡椒《こしょう》）とつぶやくのを聞いたポールは、「サージェント・ペパー」を思いついた。「ロンリー・ハーツ」は「交際相手を求めている孤独な」という意味の形容詞だ（lonely-hearts column は「交際相手募集欄」のこと）。英語のネイティヴ・スピーカーなら、ペパー軍曹と恋人募集中楽団の組み合わせにビートルズのユーモア・センスを感じるところだ。

ビートルズは「ふざける」のが大好きだ。真面目や深刻の匂いをかぎとると、すぐにおちょくってみせた。「おちょくり」（piss-take）こそ、彼らの十八番である。アルバム『レット・イット・ビー』をかけてみよう。

〈フォー・ユー・ブルー〉では、間奏でスライド・ギターを弾くジョンに、ジョージはGO Johnny go! Same old 12-bar blues. Elmore James got nothin' on this baby.（さあ、ジョニー、行け！　おなじみの12小節のブルーズだ。エルモア・ジェイムズもこいつにはかなわないだろうな）とからかっている（エルモア・ジェイムズはスライド・ギターの名手）。

次は、荘厳な名曲〈レット・イット・ビー〉だ。すぐさま〝深刻〟を感じたジョンは、〈ディグ・イット〉の最後で、That was 'Can You Dig It' by Georgie Wood. Now we'd like to do 'Hark The Angels Come'.（いまのはジョージィ・ウッドの『よくわかったかい？』でした。次は『ほらほら天使がお出ましだ』をやりましゅ）と得意のおふざけを披露している。そして、ポールが〈レット・イット・ビー〉を〝真面目に〟歌い終わると、〈マギー・メイ〉（主人公はリヴァプールの水夫たちを相手にしていた娼婦）のふざけた歌が始まる。これもおちょくりだ。

最後は〈ゲット・バック〉に耳をかたむけてみよう。

演奏のまえに、Rosetta（ロゼッタ）とつぶやいているのはポール。歌詞ではLoretta（ロレッタ）になっているのに、わざと言い違えている。そのあとのSweet Loretta Fart she thought she was a cleaner, but she was a frying pan.（可愛いロレッタ・ファートは、自分では掃除機だと思っていたけど、じつはフライパンだった）はジョンのおふざけだ（ちなみに、fartは「オナラ」のこと）。

曲はプリミティヴでソウルフルだ。ポールの円熟のヴォーカル。それからリンゴの軽快なドラミング。そして、いよいよジョンによるリード・ギターの間奏だ。音色がいいし、フレーズも卓越している。その見せ場のソロのときに、ポールはジョンに向かって、Go home.（とっとと帰れ、おまえ）と突き放している。

ポール本人の言葉を聞いてみよう。

「いつもおちょくりあってたけど、それもまたビートルズだったんだ。ぼくも〈ゲット・バック〉でやっているよ。ジョンがあの見せ場のソロ、むちゃくちゃ最高のソロを弾いているときに、〝ゴー・ホーム〟といっているんだ。あれも、おちょくりさ」

演奏が終わり、拍手を送っているリンゴの妻・モゥリーンに向かって、ポールが Thanks Mo.（モゥ、ありがとう）といっているなか、こんどはジョンが I'd like to say〝Thank you〟on behalf of the group and ourselves, and I hope we passed the audition.（グループを代表してお礼を申し上げます。これでオーディションに受かるといいんですが）と割って入る。頂点をきわめたロック・バンドを率いるジョン一流のジョークだ。

ビートルズにとっての〝おちょくり〟とは何だったのか。ポールによる解説を聞いていただこう。

「おちょくりにはすごく愛情が込められていた。ぼくらはそうやってお互いがいい気になりすぎないようにしていたんだ」

いいなあ、ビートルズ。こんなところにも彼らの魅力がひそんでいる。

ジョン・レノンの頭の中

ジョン・レノンはすこぶる愉快だ。

書くものは、しゃれ、地口、引用、パロディで充満していて、その奇天烈ぶりは読んでいて厭《あ》きない。一九六四年に出版された『イン・ヒズ・オウン・ライト』（『絵本ジョン・レノンセンス』）は、映画『ア・ハード・デイズ・ナイト』を撮っているころに出版された本であるが、言葉をひっくり返したり、発音が似ている言葉をもってきてナンセンスな文をつくったりして、まるで子どものように楽しんでいる。

そもそもの本タイトル『In His Own Write』は、in one's own right（自分の力で）という慣用句からとったものであるが、right（権利）と write（執筆する）を掛け合わせているのが目をひく。「ちゃんと自分で書いたよ」といいたかったのであろう。

「著者略歴」（About the Author とすべきところを About the Awful としている）も笑わせてくれる（awful は「ひどい」の意）。本来ならば、I was born on the 9th of October 1940 when, I believe, the Nazis were still bombing us led by Adolf Hitler ...（私は一九四〇年一〇月九日に生まれました。それはアドルフ・ヒトラーに率いられたナチスがわたしたちに爆撃をくわえていたころでした）と書くべきところを、I was bored on the 9th of Octover 1940 when, I believe, the Nasties were still booming us led by Madalf Heatlump ...（私は一九四〇年じゅがつ九日に退屈していました。それはマドルフ・ヒートランプに率いられたお下劣隊がわたしたちの人気をあおっていたころでした）などと闊達自在にペンを走らせている。

二作目は『A Spaniard in the Works』（一九六五年／『らりるれレノン　ジョン・レノン・ナンセンス作品集』）で、内容はキリスト教を風刺したものだ。タイトルは『邪魔をするスペイン人』であるが、これもイギリス英語の慣用句 put a spanner in the works（スパナを入れて機械を動かなくする↓進行の邪魔をする）のだじゃれである。詩と散文をあつめた画集であるが、ナンセンス・ギャグが満載で、マザー・グースや『グーン・ショー』の影響があるのがわかる。

ジョン・レノンは卓抜な表現者でもあった。

たとえば「平和」のメッセージを発信しようとするとき、たいていの人は「我々は平和を希求する」や、「わたしたちは平和を切望している」と発想する。ところがジョンは〈ギヴ・ピース・ア・チャンス〉、つまり「平和に機会を与えてみようじゃないか」とやった。「ぼくたちみんなのなかにヒトラーがいるけど、同時に愛と平和も持っている。だから、一度ぐらい平和に機会を与えてみたらどうだろうか」と考えたのである。

『ラバー・ソウル』に収められた傑作〈ノーウェア・マン〉（邦題〈ひとりぼっちのあいつ〉）を眺めてみよう。

ジョンによれば自分自身のことを書いたということであるが、歌詞に登場する

「彼」は、マネージャーのブライアン・エプスタインのことではないかと私は勝手に推測している。

コンサートをやらなくなったビートルズにとって、コンサートの日程や会場を決めるのを仕事とするマネージャーはもう必要な存在ではなくなった。この時期のブライアンは、Now Here Man（現実にここにいる男）だったが、Nowhere Man（どこにも居場所のない男）でもあった。

そもそも〝Nowhere man〟という表現は英語の言いまわしにはないものだ。しかしジョンは、これを三つに分けると、Now Here Man（現実にここにいる男）になることから、このタイトルをあえてつけたのではあるまいか。こう考えると、イメージを表現する能力において、いかにジョンがすぐれた才能をもっていたかに気づかされるはずである。

「二つの声」と「二つの貌」

レコーディングした楽曲の大半は、ジョンとポールによってつくられている。そのわずか数曲に耳をかたむけみれば、たちどころに二人が「創造的な触媒」としてうまく機能しあっていたことがわかる。甘ったるいポールの歌にはジョンの香辛料をきかせれば味がひきしまったし、まろやかさに欠けていたジョンの曲にはポールのとろみをくわえることで風味が増した。

ジョンはこう分析している。

「趣味が対照的であったことは、音楽的見地からいって、害よりも益をもたらし、ぼくたちの成功に貢献した」

歌詞にもそれはあらわれた。しばしば鼻につくポールのセンチメンタリズムはジョンの容赦ない皮肉で相殺されたし、ジョンの悲観的なつぶやきはポールの祝祭的な快活さによって打ち消された。

彼らはまた、唯一無二のヴォーカリストでもあった。彼らが卓越したヴォーカリストであるのは、ほかのシンガーによるビートルズ・カヴァーのいくつかを聴けばわかる。感心することはあっても、感動することはないからだ。

どうしてか。

それは「あの声」でなくてはならないからだ。代わりがきかないのである。ほかのアーティストの場合、まれにオリジナルよりカヴァーのほうが上をいくものがあるが、ビートルズの場合はそれがないのだ。

たとえば、ジョンの〈カム・トゥゲザー〉やポールの〈ゴールデン・スランバーズ〉を、どんなシンガーが歌おうが、それは〝違う〟のである。〈カム・トゥゲザー〉や〈ゴールデン・スランバーズ〉は「あの声とセット」なのである。

とりわけジョンは、比類なき声の持ち主だ。悲しみをたたえた声、けだるそうな声、おねだりする声、濡れたような声……どんな感情にも寄り添う声をもっている。安っぽい歌でも、ジョンがシャウトすれば、魔法をかけたように光彩を放つ。陳腐な歌詞でも、ジョンがささやくと、えもいわれぬ哀愁があたりに流れだす。〈アンナ〉の〝泣き〟を誰が表現できるというのか。〈アイム・オンリー・スリーピング〉の悲しみをにじませた声を誰がだせるというのか。

しゃがれた声でのシャウトも魅力的だ。〈ツイスト・アンド・シャウト〉〈ロック・アンド・ロール・ミュージック〉〈ヘルプ！〉〈ハピネス・イズ・ア・ウォーム・ガン〉〈カム・トゥゲザー〉などのヴォーカルは、たまらなく胸を熱くさせる。鼻にかかった、せせら笑うような声にさえうっとりしてしまう。感情や気分が声に内在しているのだ。

ジョージ・マーティン（プロデューサー）は「ジョンの声は、私がいままで聴いたなかでとびきりのものだった」と絶賛しているが、ジョンは自分の地声がどうにも気に入らなかったようだ（ソロになってからは自分の声にエコーをかけることが多かった）。たいへん残念なことである。

ポールもまた一流のヴォーカリストである。〈P.S.アイ・ラヴ・ユー〉〈アンド・アイ・ラヴ・ハー」〈イエスタデイ〉〈ミッシェル〉〈ブラックバード〉のようなしっとりとした曲を歌うのもうまいが、〈ロッキー・ラックーン〉で見せたトーキング・ブルーズ調の歌いっぷりも見事である。強靭なシャウトもジョンに劣らず魅力的で、なにより高音になっても声が細くならないのがいい。〈ロング・トール・サリー〉〈バック・イン・ザ・U.S.S.R.〉〈ヘルター・スケルター〉〈オー！ダーリン〉〈アイヴ・ガッタ・フィーリング〉のヴォーカルを聴いてみよう。イッてしまったポールはほんとうに手がつけられない。ポールがキレたら、ジョンよりコワいのではないか。

ここで、アルバム『レット・イット・ビー』に収められた〈アイヴ・ガッタ・フィーリング〉に耳をかたむけてみよう。

この曲は、ポールがつくった〈アイヴ・ガッタ・フィーリング〉（当時、フィアンセだったリンダに捧げた曲）と、ジョンの〈エヴリバディ・ハッド・ア・ハード・イヤー〉（ビートルズの過去を回顧した歌詞）という二つの曲をつないでひとつにまとめた、文字どおりの合作だ（映画『レット・イット・ビー』では、二人の共演を観ることができる）。

コード進行がともにAとDのくりかえしだったので、二つの曲の「融合」をこころみたのである。曲の最後でジョンとポールがそれぞれのつくった歌詞を同時に歌うところなどは、何の違和感もないばかりか、むしろスリリングで、思わずプロの技に感嘆の声がもれる。これぞ、レノン&マッカートニーの真骨頂だ。

正真正銘のライヴ録音であるのも驚異である。見事としかいいようがない。曲が終わると、ジョンは「Oh, my soul……so hard」（参ったなあ……難しいや）とこぼすのであるが、これがまた、なんともプロっぽい。ジョンとポールにしかできない技であろう。

ひとつの曲に二つの貌《かお》をもつ。二つの声を交錯させて異なる世界観を示す。ジョンとポールという比類なきヴォーカリストをもったがゆえに、ビートルズは誰もやったことのないことを実現できたのである。

ずば抜けた音楽的感受性

ビートルズの音楽的な異端児ぶりは、正統や偏見にとらわれることのない、好奇心に満ちた実験的精神にあらわれている。

〔アイ・フィール・ファイン〕で最初に聞こえてくるのは、フィードバック（出力されたシグナルの一部が入力側へ戻り、それによって出力が増大または減少すること）のサウンドだ。ふつうなら、ノイズ（雑音）としてカットされてしまうのにそうしなかった。それどころか、ジョンはこれを意識的にやっているのである。

かつては電気系統のアクシデントだといわれていたが、現在では偶然に得られた音をヒントにして意図的につくられたことがわかっている。それは、最初のレコーディング・テイクからこの〝雑音〟が入っていることからも明白だ。

ジョンがセミ・アコースティック・ギター（ギブソンJ―160E）をアンプ

に立てかけようとしたところ、ポールのベース（ヘフナー500／1）の低いAの音に反応してハウリングを起こしてしまった。それをジョンが気に入り、意図的にこのフィードバックによる〝ノイズ〟を生みだそうとしたのである。日本武道館での映像（一九六六年七月一日の公演）でも、この音をつくっているジョンの姿が確認できる。

本人みずから「あれは全部、ぼくだ。ギターのフレーズも、レコードで初めてフィードバックをやったのも」といっているとおり、ジミ・ヘンドリックスやピート・タウンゼンドよりもまさしく先であった。

あのフィードバックを消去してあとの部分を聴いてみると、とたんに曲の魅力が半減してしまう。ノイズをサウンドに転換した見事な〝つかみ〟だ。

フィードバックというノイズ現象を曲の出だしにして、あの特徴的なギター・リフを考えたのもジョンである（ボビー・パーカーの〈ウォッチ・ユア・ステップ〉のリフを参考にしている）。

ジョンは最初に歌詞を書いて、あとでメロディをつけることが多かったが、〈アイ・フィール・ファイン〉ではギター・リフをもとにして、あとで歌詞をつけている。「ずっとリフが鳴りつづけているような曲にしたかった」と語っているとおり、まずサウンドありきだった。というわけで、歌詞はおもしろ味がないが、旋律のもつ爽快感がそれをおぎなって余りある。

ちなみに、ジョンはコード・フォーム（10フレット目のD）はそのままで、小指だけを動かしてリフをやっている。歌に入ってからはカッティングに移り、リフはジョージがシングル・トーンで弾いている。

ビートルズがほかのミュージシャンと違うのは、曲づくりの方向を「意外性」へと向けたことだ。楽曲を予測不能な方向へ引っぱっていくには、どうしても意外性が必要だ。そして、その意外性が「かっこよさ」になり、ビートルズがビートルズになったゆえんである。意外性は多くの場合、定型化された循環コードからの逸脱と、転調をもくろむ変拍子によってもたらされている。

六五年に発表された〈涙の乗車券〉に、それは顕著にあらわれている。歌詞もメロディもほとんどジョンがつくったとされてきたが、ポールによれば、「ジョンが六割、あとの四割は自分」だそうだ。いずれにしても、ジョンが手をつけ、ポールがそれをアレンジしたようだ。

ジョンは、ビートルズが修業した町ハンブルク（ドイツ）の娼婦が取得しなければならなかった健康証明書（つまり、性病持ちじゃないという証明書）のことだ、といったことがあるが、英国ワイト島の、その名もズバリ、Ryde（ライド）という港町（フェリーの発着地として有名）でポールのいとこ夫婦がパブを経営していて、その〝Ryde〟にポールとジョンが旅をしたことがこの曲のモチーフになっている。つまり、「Ticket To Ryde」（ライドへの乗車券）でもあったわけだ。

重いリズム、厚いサウンド、音圧の高いヘヴィなギターなどを指して、ジョンは「いちばん早いヘヴィメタル・レコードのひとつ」だと述べ、「それまでにない新しいサウンドだった。ヒット・チャートにランキングされている他のミュージシャンの曲なんかと比べると、めちゃくちゃヘヴィだったね」とふりかえっている。じっさい、あえて不協和音的なミドル・テンポにしたことも含め、じつに高度なことをやっている。

エンディングを聴いてみよう。急にテンポが速くなり、徐々にフェイド・アウトしていく。テンポをゆっくりさせて終わるパターンはよくあるが、その逆をやっているのだ。じつに斬新な手法である。まるで曲に変速ギアが装着されているかのようだ。「カッコいいエンディングだろ。前のヴァースを引き継いで終わるんじゃなくて、エンディングのテンポを変えたんだ」とポールは述べている。

イントロのギターはジョージ（リッケンバッカーの12弦）だが、真ん中とエンディングのリード・ギターはポール（エピフォン・カジノ）が弾いている。とくに、最後のベンディング（チョーキング）・プレイは曲にぴったり合って、ポールのギターの腕前が並でないことを証明している。

ポールは、同じことをくりかえすのが嫌いで（いろんなインタヴューで、このことを強調している）、この曲ではリンゴにドラム・フレーズの注文をたくさんだしたそうだ。結果、同じリズム・パターンをくりかえしているパートが半分もなく、ニュアンスの違いを巧妙に演出することになった。同世代のミュージシャンと比較すると、ビートルズの音楽的感受性は抜きんでていたといわざるをえない。

「ビートルメイニア」という現象

一九六三年、ビートルズ熱は沸騰していた。

デビューからわずか八か月後の六三年の六月、ビートルズはBBCラジオのプライムタイムで『ポップ・ゴー・ザ・ビートルズ』という自分たちのラジオ番組をもつようになった。これが人気に拍車をかけ、ビートルズはあらゆるマスコミからひっぱりだこになった。

イギリス各地でおこなわれたコンサートでは、ティーンエイジャーの女の子たちが泣いたり、わめいたり、髪をかきむしったり、失神したりという現象が起こり始めた。

その年の秋、ビートルズは国民的な人気TV番組『サンデー・ナイト・アット・ザ・ロンドン・パラディアム』に出演する。ロンドン・パラディアムはオックスフォード・ストリートにあるイギリスでもっとも有名な劇場のひとつで、前日、リンゴは「緊張のあまり気分が悪くなった」と告白するほどの大舞台だった。

四人の演奏は、絶叫の嵐のなかでかき消されてしまうほどであった。翌日の新聞はそうした荒れ狂うファンを「ビートルメイニア」(Beatlemania：ビートルズ狂)という新しい言葉を使って大々的に報道した。それからというもの、ビートルズは行く先々でビートルメイニアを生みだすのだった。

こうした現象を、レポーターたちは「集団ヒステリー」と揶揄《やゆ》した。しかし、それはやがて社会を動かす新しいエネルギーになるかもしれないと感じとった書き手はほとんどいなかった。

ところが、一九九〇年代に入ると、「それは最初の、そしてもっとも劇的な女性の性的革命の勃興であった」という見方が提出され（バーバラ・エーレンライクほか）、フェミニズム運動の嚆矢《こうし》をここに見る識者があらわれた。彼女たちはビートルズに、女性を解放する大きな自由を見いだしていたというのだ。

彼女たちにとって、ビートルズは新しい時代に移行するためのタイムマシーンであった。ビートルメイニアは、ノリ心地のよいビートルズに乗って、次の時代へいち早く行こうとしたのだった。

念のためにいっておくと、わが日本では、竹中労が「音楽が、人間の情緒を媒介とするものである以上、そこに絶叫があり、号泣があろうと、何の不思議もない。〝鑑賞〟という枠の中に情感をとじこめ、抑制しなくてはならぬ理由など、人間の自然には本来ない」（『ポップス』一九七〇年六月号）と発言、ビートルメイニアの本質をすでにとらえていた。

たしかに、それまでの少女たちは旧世代のモラルに縛られ、「女らしさ」という観念を強要されていた。性にまつわることや自身の性的嗜好を口にすることは「女らしくない」と決めつけられていたのである。

ところが、ビートルズが「性的なるもの」を健康的かつ陽気に露出させたことで、少女たちは性的抑圧をかなぐり捨てて、欲望と感情のおもむくままに絶叫したのである。

それればかりではない。ビートルズをきっかけに、中流階級の女の子たちは人前で自分たちの性的な情熱や悦楽を表現するようになった。年長世代にとって、それはショッキングなことであった。

少女たちの鋭いセンシビリティ（感受性）が豊かなセンシュアリティ（官能性）と結びついたと指摘するのはたやすいが、ビートルメイニアは叫ぶことそれ自体に「解放」があり、その先には「自由」が広がっていることをうすうす感づいていたのである。その意味でいうと、ビートルズはティーンエイジャーが自己主張の権利を手に入れるために必要なヴィークル（輸送手段）の役割を果たしたのだった。

歴史的に見ると、ロック・ミュージックは古いモラルを打ち破るための大胆な挑戦であったわけだが、ビートルズが若者文化にもたらした貢献のひとつとして、ビートルメイニアの現象を挙げてもいいだろう。ジョンは「ロックンロールは自分の身に起こった革命だった」と述べたことがあるが、ビートルズ現象もまたビートルメイニアのうちに醸成された革命であった。

貴重な映像作品

ビートルズは、時代をさきがける斬新な映像作品を残している。

第一作目の主演映画は『ア・ハード・デイズ・ナイト』（一九六四年／邦題

『ビートルズがやって来る ヤァ！ヤァ！ヤァ！』）だ。コンサート・シーン、舞台裏、ビートルメイニアの熱狂ぶりなど、ビートルズの日常を巧みに切りとっている（監督はリチャード・レスター）。当時、多くの人たちは、この作品ではじめて〝動くビートルズ〟を見たのだった。いかにもメンバーが口にしそうなセリフがちりばめられ、それぞれのキャラクターが生きいきと描かれている（脚本はリヴァプール出身のアラン・オーエン）。カット割りが明確で、カメラワークも斬新。セミ・ドキュメンタリーに仕立てる映画的手法もぞんぶんに楽しめる。六〇年代前半の若々しいビートルズと、当時のロンドンの空気を伝える貴重な映像資料だ。〈恋する二人〉〈アンド・アイ・ラヴ・ハー〉〈すてきなダンス〉〈シー・ラヴズ・ユー〉などの演奏風景が楽しめる。

第二作目の『ヘルプ！』（一九六五年／邦題『ヘルプ！4人はアイドル』）は、指輪コレクターであるリンゴ・スターをフィーチャーしたコメディ映画である（監督はリチャード・レスター）。ミュージック・ヴィデオやMTVのさきがけになった記念碑的作品でもある。予算は一〇〇万ドル（前作は五六万ドル）、舞台はロンドンから、オーストリア（アルプス）やバハマにまで及び、フルカラーで撮影された（前作はモノクロ）。〔ヘルプ！〕〔悲しみはぶっとばせ〕〔アイ・ニード・ユー〕〔ザ・ナイト・ビフォア〕などの演奏シーンを楽しむことができるが、なかでも〔恋のアドバイス〕は出色。陰影を強調したカメラワークが素晴らしい。

一九六六年を最後にコンサート・ツアーをやめたビートルズは映画制作に挑戦した。『マジカル・ミステリー・ツアー』（一九六七年）がそれだ。アイディアをだしたのはポールで、サイケデリックふうにペイントしたバスに乗り込み、行きあたりばったりのミステリー・ツアーをするというものだ。しかし、TV映画として放送された当時は酷評されることが多かった。というのは、カラーで撮影されたにもかかわらず、当時のイギリスではカラーTVが普及していなかったので、色彩が混ざり合った視覚的なおもしろさが伝わらなかったのだ。いまではシュールでカラフルな美しさをもつ作品として高く評価されている。着ぐるみをまとって〔アイ・アム・ザ・ウォルラス〕を演奏するシーン（音源はレコード）も見逃せない。

アニメーション映画『イエロー・サブマリン』（一九六八年）はファンタジー映画の傑作である（監督はジョージ・ダニング）。主役はもちろんビートルズ。侵略されたペパーランドという国を救うため、黄色い潜水艦（イエロー・サブマリン）に乗り込んで海底へと旅立ち、悪漢ブルー・ミーニーたちの手から人びとを助けだすというストーリーだ。音楽を武器にしたビートルズが歩いていくと、彼らのあとから花が咲くなど、構成、ポップ・アート、音響、どれをとっても素晴らしい。ビートルズは製作にたずさわっていないが、最後に少しだけ実写で登場している。ショーン（ジョンとヨーコの子）もダーニ（ジョージとオリヴィアの子）も、この映画を観て父親が元ビートルであったことを知ったそうだ。

最後の映画は『レット・イット・ビー』（一九七〇年）だ。ゲット・バック・セッションの模様を八〇分に編集したドキュメンタリーである（監督はマイケル・

リンゼイ・ホッグ〉。ここには解散に向かうビートルズのありのままの姿がある。そのはりつめた空気と重苦しい表情をカメラはよくとらえているが、なんといっても演奏風景がぞんぶんに楽しめるという点において、この映画は永遠である。クライマックスは「ルーフトップ・コンサート」だ。一九六九年一月三〇日、木曜日の正午、歴史に残る演奏が、アップル・ビルの屋上からロンドンの寒空に響きわたった。収録曲も多く、スタジオでの〈トゥー・オヴ・アス〉〈レット・イット・ビー〉〈ザ・ロング・アンド・ワインディング・ロード〉、屋上での〈ゲット・バック〉〈ドント・レット・ミー・ダウン〉〈アイヴ・ガッタ・フィーリング〉〈ワン・アフター・909〉〈ディグ・ア・ポニー〉などの演奏シーンを堪能できる。

あとがき

ビートルズ・ファンから「ジョンとポール、どっちが才能あると思いますか」と訊かれることがある。

うーん。正直、困ってしまう。

じっさい、ジョンはエッジの利いたカリスマ的な天才で、ポールは大衆迎合型のメロディ・メーカーだ、という識者の声に接したことがある。

フィリップ・ノーマン（評論家）は『シャウト！　ザ・ビートルズ』で、露骨にジョンに肩入れし、ポールをこきおろしている。TVに出演したときは「ビートルズの七五パーセントはジョン・レノン」といいきって、ジョンをえこひいきした。しかし、のちにポールへの評価は間違っていたことを認め、ポールの伝記『ポール・マッカートニー　ザ・ライフ』を発表して、音楽史に名を残すソングライターの歩みを魅力的につづっている。

いつもビートルズのそばにいたジョージ・マーティン（プロデューサー）もまた、「ビートルズのなかではポールがいちばんミュージシャンとしての才能をもっていた」との判断をくだしたことがある。しかし、「音楽的な面では、ポールがジョンを助けていた。ポールには音楽理論やハーモニーの知識があったから、曲の完成度を高めることができたんだ。ジョンにはクラッチを踏まずにギアを入れ替えるようなところがあって、曲の流れがぎくしゃくする欠点があった。でも、歌詞に関してはジョンのほうが一枚上だった。先にメロディを考えて、それに歌詞をつけるというのがポールのやり方だったけれど、ジョンは言葉なりアイディアなりを先に考えて、それにメロディをつけるという逆の発想だった」と述べて、レノン&マッカートニーのパートナーシップのほうに目を向けるようになった。

「ビートルズのなかで誰がいちばん好きか」とたずねるのは、「四本の手足のなかでどれがいちばん好きか」と訊くようなものである。「ジョンとポール、どっちが才能あると思うか」という質問は、「右手と左手、どちらが才能あると思うか」と問うようなものだ。

それぞれ役割の違いがあり、それらを分けて優劣をつけることはどだい無理である。本書で述べたように、ビートルズはひとつのユニット、一個の有機体なのだから。

＊　＊　＊

本書をしめくくるにあたって感謝しなくてはならない人たちがいる。

ひとりはビートルズ研究の第一人者、マーク・ルイスン氏である。そのリサーチ力と分析力はずば抜けており、本書でもずいぶん助けられたことを白状しておく。また過日、ビートルズが来日したときの古い資料を送ったら、共通の友人である遠山修司氏（ビートルズ研究家）を介して、ご丁寧なお礼の言葉をくだすった。小著の執筆に、より弾みがついたことをここに記しておきたい。

マイナビ出版の田島孝二氏にも謝意をあらわしたい。書きたかったテーマとそれにふさわしいタイトルを与えてくださった。これによって筆者の散らかった断片的な考えはひとつの輪郭をもつようになった。記してお礼申しあげる。

各章の扉にイラストを描いてくださった杉本綾子さんにも感謝の意を伝えたい。デビューしたころからのファンで、このたび希望がかなって描いていただけることになった。うれしいことこのうえない。

また、松岡完、遠山修司、寺部真理、町田明啓、荒川泰行、島田浩史、河合秀昭、芳田耕平の諸氏からは、ビートルズに関する資料や知見の提供をたまわった。ありがとうございました。

二〇二〇年麦秋　　著者

【参考文献】

・『ザ・ビートルズ史　誕生』（上下二巻）マーク・ルイソン／山川真理・吉野由樹・松田ようこ訳（河出書房新社）
・『ザ・ビートルズ　全記録』（全二巻）マーク・ルイソン／ビートルズ・シネ・クラブ監修・翻訳（プロデュース・センター出版局）
・『ザ・ビートルズ　レコーディング・セッションズ完全版』マーク・ルイソン／内田久美子訳（シンコーミュージック・エンタテイメント）
・『THE BEATLES アンソロジー』ザ・ビートルズ・クラブ監訳（リットーミュージック）
・『増補完全版　ビートルズ』（上下二巻）ハンター・デイヴィス／小笠原豊樹・中田耕治訳（河出文庫）
・『ポール・マッカートニー　メニー・イヤーズ・フロム・ナウ』バリー・マイルズ／松村雄策監修／竹林正子訳（ロッキング・オン）
・『絵本ジョン・レノンセンス』ジョン・レノン／片岡義男・加藤直訳（ちくま文庫）

・『ジョンとヨーコ　ラスト・インタビュー』デービィッド・シェフ／オノ・ヨーコ監修／石田泰子訳（集英社）

・『ジョン・レノン　ラスト・インタビュー』ジョン・レノン、オノ・ヨーコ、アンディー・ピーブルズ（聞き手）／池澤夏樹訳（中公文庫）

・『ジョン・レノン　IN MY LIFE』ケヴィン・ホウレット、マーク・ルイソン／中江昌彦訳（日本放送出版協会）

・『ジョン・レノン　愛の遺言』ジョン・レノン、オノ・ヨーコ／川勝久訳（講談社）

・『耳こそはすべて』ジョージ・マーティン／吉成伸幸・一色真由美訳（河出文庫）

・『ジョン・レノンに恋して』シンシア・レノン／吉野由樹訳（河出書房新社）

・『パティ・ボイド自伝　ワンダフル・トゥディ』パティ・ボイド、ペニー・ジュノー／前むつみ訳（シンコーミュージック・エンタテイメント）

・『ザ・ビートルズ　リメンバー』クラウス・フォアマン／伊藤早苗・川島未紀訳（プロデュース・センター出版局）

・『ビートルズ派手にやれ！』アラン・ウィリアムズ、ウィリアム・マーシャル／池央耿訳（草思社）
・『メイキング・オブ・サージェント・ペパー』ジョージ・マーティン／水木まり訳（キネマ旬報社）
・『ビートルズの研究』イアン・イングリス／村上直久・古屋隆訳（日本経済評論社）
・『ザ・ビートルズレポート』竹中労編著（白夜叢書）
・『話の特集　完全復刻版　ビートルズ・レポート』「ビートルズ・レポート」復刻委員会編著（WAVE出版）
・『ビートルズ音楽論』田村和紀夫（東京書籍）
・『ビートルズ都市論』福屋利信（幻冬舎新書）
・『ビートルズのつくり方』山下邦彦（太田出版）
・『ビートルズとは何だったのか』佐藤良明（みすず書房）
・『ビートルズは音楽を超える』武藤浩史（平凡社新書）

・『大英帝国はミュージック・ホールから』井野瀬久美恵（朝日新聞社）
・『現代メディア史〔新版〕』佐藤卓己（岩波書店）
・『英国メディア史』小林恭子（中公選書）
・『エルヴィスが社会を動かした』マイケル・T・バートランド／前田絢子訳（青土社）
・『ビートルズ全詩集（改訂版）』内田久美子（シンコーミュージックエンタテイメント）
・『ザ・ビートルズ・ソングブック』奥田祐士編集・対訳（ソニー・マガジンズ）
・『ビートルズは何を歌っているのか？』朝日順子（ＣＤジャーナルムック）

・*Conversations with McCartney* (Paul Du Noyer: Hodder&Stoughton: 2015)
・*The Beatles Lyrics* (Hunter Davies: Little, Brown And Company: 2014)
・*Tune In; The Beatles: All These Years* (Mark Lewisohn: Crown Archetype: 2013)
・*Here, There and Everywhere; My Life Recording the Music of The Beatles* (Geoff Emerick & Howard Massey: Gotham Books: 2006)

・*Revolution in the Head* (Ian MacDonald: Random House: 2005)
・*Shout!* (Philip Norman: Fireside: 2003)
・*A Secret History* (Alistair Taylor: John Blake Books: 2001)
・*The Beatles Anthology* (The Beatles: Chronicle: 2000)
・*Paul McCartney: Many Years from Now* (Barry Miles: Secker & Warburg: 1997)
・*The Complete Beatles Chronicle* (Mark Lewisohn: Pyramid: 1992)
・*The Beatles* (Hunter Davies: McGraw-Hill: 1968)
・*A Cellarful of Noise* (Brian Epstein: Souvenir Press: 1964)

●著者プロフィール
里中哲彦（さとなか・てつひこ）
河合文化教育研究所研究員（「現代史研究会」主宰）。早稲田大学エクステンションセンター講師。早稲田大学政治経済学部中退。評論活動は、ポピュラー音楽史、時代小説、ミステリー小説、英語学など多岐にわたる。著書に『ビートルズが伝えたかったこと』（秀和システム）、共著に『ビートルズを聴こう　公式録音全213曲完全ガイド』（中公文庫）、『ビートルズの真実』（中公文庫）、『はじめての音楽史』（ちくま新書）ほか多数。

マイナビ新書

教養として学んでおきたいビートルズ

2020年6月30日　初版第1刷発行

著　者　里中哲彦
発行者　滝口直樹
発行所　株式会社マイナビ出版
〒101-0003　東京都千代田区一ツ橋2-6-3 一ツ橋ビル2F
TEL 0480-38-6872（注文専用ダイヤル）
TEL 03-3556-2731（販売部）
TEL 03-3556-2735（編集部）
E-Mail pc-books@mynavi.jp（質問用）
URL https://book.mynavi.jp/

装幀　小口翔平＋三沢稜（tobufune）
DTP　富宗治
本文イラスト　杉本綾子
印刷・製本　図書印刷株式会社

ISBN978-4-8399-7266-0
Printed in Japan